영혼을 인도하는 이들에게 주는 글

Words to Winners of Souls

호라티우스 보나 지음 | 안보헌 옮김

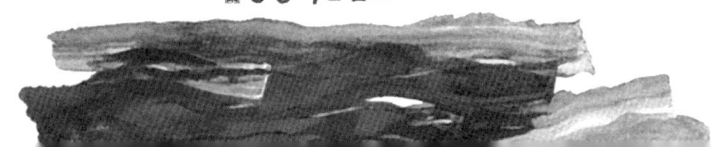

WORDS TO WINNERS OF SOULS
by Horatius Bonar

Published by Presbyterian and Reformed Publishing
Company, Phillipsburg, New Jersey, U.S.A.
Originally published by American Tract Society in 1860.

This Korean edition ⓒ 1998, 2004 by Word of Life Press, Seoul, Korea.
All rights reserved.
Printed in Korea.

영혼을 인도하는 이들에게 주는 글

ⓒ 생명의말씀사 1998, 2004

1998년 9월 20일 1판 1쇄 발행
2002년 5월 25일   7쇄 발행
2004년 1월 30일 2판 1쇄 발행
2025년 4월 11일   21쇄 발행

펴낸이 | 김창영
펴낸곳 | 생명의말씀사

등록 | 1962. 1. 10. No.300-1962-1
주소 | 서울시 종로구 경희궁1길 6 (03176)
전화 | 02)738-6555(본사) · 02)3159-7979(영업)
팩스 | 02)739-3824(본사) · 080-022-8585(영업)

기획편집 | 김정주
디자인 | 박소정
인쇄 | 예원프린팅
제본 | 보경문화사

ISBN 978-89-04-07083-1 (03230)

저작권자의 허락없이 이 책의 일부 또는 전체를
무단 복제, 전재, 발췌하면 저작권법에 의해 처벌을 받습니다.

영혼을 인도하는 이들에게 주는

글

"때가 아직 낮이매

나를 보내신 이의 일을

우리가 하여야 하리라

밤이 오리니

그때는 아무도 일할 수 없느니라

내가 세상에 있는 동안에는 세상의 빛이로라"

요한복음 9: 4-5

| 서문 |

영혼을 인도하는 이들에게 주는 글

우선 기독교 사역의 보물급 고전이라 할 수 있는 이 책의 서문을 쓰게 된 것을 영광으로 생각한다.

이 책의 저자 호라티우스 보나는 스코틀랜드 장로교 목사로, 1808년 12월 19일 에든버러에서 태어났으며, 1889년 7월 31일 이 세상을 하직했다. 이처럼 그는 지나간 세대에 속한 사람이지만, 그의 책은 시간을 초월하여 지금도 널리 애독

되고 있다. 그 이유는 이 책이 1866년 켈소 교구와 그 후의 에든버러의 필요에 적절했던 만큼 오늘날의 필요에도 적절하기 때문이다.

그는 위대한 설교자요 우리가 애송하는 찬송가도 몇 곡 작사한 사람이지만, 무엇보다도 전도자winners of souls : '구령자'라고 번역함이 옳으나 이해를 쉽게 하기 위해 '전도자'로 옮김-역자 주였다. 그는 후에 자기 교단의 총회장이 된다.

영혼을 그리스도께 인도하는 방법에 대해 쓰여진 이 책을 한 페이지 한 페이지 넘길 때마다, 그가 지은 많은 찬송가 중에 특별히 세 곡이 머리에 떠오른다.

그 첫 번째 곡은 "나 주의 음성을 들었네"라는 찬송가로, 그 자신이 그렇게 말할 수 있었기에 그런 가사로 시작되는 찬송가를 지을 수 있었다.한국 찬송가 467장, "내게로 와서 쉬어라 너 곤한 이들아 내 품에 와서 안기라 주 말씀하셨네"-역자 주

두 번째 곡은 성찬식 때 부르는 "오 나의 주님 친히 뵈오니"라는 찬송가로, 그동안 얼마나 많은 사람들이 이 곡을 통해 예

수님께 인도되었으며 또 얼마나 많은 그리스도인들이 주님과의 첫사랑을 생각하며 새로운 헌신을 다짐했는지 모른다.

전도자들에게 주는 그의 충고는 아주 영적이요 신령하며 엄중할 뿐 아니라 그 일이 몹시 시급함을 촉구하고 있다. 이 사실은 그의 세 번째 곡 "가서 일하라, 온 힘을 다해"Go Labor On, Spend and Be Spent, 한국 찬송가에는 수록되지 않음 – 역자 주라는 찬송가에 잘 나타나 있다. 목사라면 누구나 다 이 찬송가의 3절을 표어로 만들어 책상에 붙여 놓아야 할 것이다.

어둔 밤 쉬 오리니

낮에 일하라

부지런히 일하고 놀지 말아라

놀면서 영혼을 구할 수는 없다.

이 책은 허송 세월을 보내는 사람이나 주님의 게으른 종들을 위한 책이 아니라 전도자들을 위한 책이다. 또한 우리의 마음을 조사해 보게 만드는 책이요, 매일의 임무를 계속해 나갈 수 있도록 새로운 용기를 주는 책이다.

나는 지금도 어릴 때 미시간에서 목회하시던 아버지의 책상에 놓여 있던 작은 책을 기억하고 있다. 아버지의 변함없는 동반자였던 그 책은 거의 모든 페이지마다 줄이 쳐져 있었는데, 가장자리가 금박으로 된 가죽 표지에는 **영혼을 인도하는 이들에게 주는 글** *Words to Winners of Souls*이라는 제목이 적혀 있었다.

츠베머 Samuel M. Zwemer

| 목차 |

- 서문 · 7
1. 살아 있는 사역의 중요성 · 13
2. 목회자의 진실된 삶 · 31
3. 과거의 잘못들 · 47
4. 목회자의 고백 · 65
5. 부흥을 위하여 · 117

지금은 허송 세월하고 있을 때가 아니다.

인생은 짧고 죄는 문 앞에 엎드려 있는데

우리의 연수年數는 한 잎의 낙엽이나

눈물 방울만큼 짧으니,

농이나 하며

허송 세월하고 있을 때가 아니다.

마음을 가다듬어 주님에 대한 헌신을

재다짐해야 할 것이다.

그 짧은 인생이나마

여러 번 사는 것도 아니요

단 한번 살 뿐이다. 오직 한번.

그러니 얼마나 거룩하게 살아야 할까!

매순간 단축되고 있는 그 짧은 일생을

우리의 복된 수고로

가득 채워야 할 것이다.

1. 살아 있는 사역의 중요성

"소수의 열심 있는 자들이 기독교 사역에 미치는 영향은 다수의 미지근한 자들이 미치는 영향보다 훨씬 크다!"

이것은 스위스 개혁자인 오이콜람파디우스(Oecolampadius)가 한 말이다. 자신의 체험을 통해서 이 교훈을 배운 그는, 오고오는 세대들에게 유익을 주고자 그 체험을 이렇게 기록으로 남겨 놓았다.

자칭 그리스도의 사역자라고 말하는 사람의 숫자가 증가한다고 해서 그것이 기독교 사역에 반드시 유익을 주는 것은 아니다. 그들은 "정원의 잡초"나, 이스라엘 진영에 말썽을 일으킨 아간, 또는 사나운 풍랑의 원인인 요나와 같은 존재에 지나지 않을 수도 있다.

물론 그들도 정통 신앙을 갖고 있을지 모른다. 그러나 산 믿음 없이 뜨뜻미지근하게 마지못해 형식적인 사역을 수행하기 때문에, 주변에 있는 영적 생명을 모두 얼어 죽게 만든다. 그래서 결국 그리스도의 사역에 치명적인 해를 가한다.

정통신학을 고수한다는 사람이 뜨뜻미지근하게 사역을 하게 되면, 사실 이단이나 일관성 없는 신학을 고수하는 사람이 사역하는 것보다 영혼들에게는 훨씬 더 치명적인 영향을 미칠 수 있다. 그래서 세실Cecil은 "이 세상에 게으른 목사보다 더 해로운 사람은 없다."고 말했으며, 플레처Fletcher는 "미지근한 목사는 태평한 그리스도인들을 만들어 낼 뿐이다."라고 말했다. 그렇다면 이런 목사들의 수가 증가한다고 해서 그것이 과연 이 나라에 축복이 될 수 있을까?

만일 어떤 교파를 막론하고 그리스도의 교회가, 교회와 교회의 머리 되신 그리스도 사이에 이 세상 아무것도 끼어들지 못하게 하면서 초대교회의 모범으로 돌아가 그들처럼 살기를 원한다면, 즉 사도들의 발자취를 따라 걷기 원한다면, 영혼을 보살피는 중책을 맡게 될 목회자 선정에 보다 신중을 기해야 할 것이다. 즉, 그들이 얼마나 많이 배웠으며 얼마나 재능이 많은지보다는, 그들이 과연 영적인 사람이며 믿음과 열심을 갖고 있을 뿐 아니라 주님과 영혼들을 향한 뜨거운 사랑을 갖고 있는지부터 알아보아야 할 것이다.

한 전기 작가는 백스터Baxter와 오톤Orton을 비교하면서 이렇게 말했다.

"오톤이 성냥불을 붙이고 있는 동안 백스터는 온 세계

에 불을 질렀다."

　정말 맞는 말이다! 그러나 이것은 비단 백스터나 오톤에게만 해당되는 말이 아니다. 이 두 사람은 그리스도의 교회에서 어느 시대 어느 교단에나 있는 두 부류의 사람들을 대표하고 있는데, 첫 번째 부류에 속한 사람들이 두 번째 부류에 속한 사람들보다 훨씬 더 많다. 즉, 백스터 같은 사람이 몇 명밖에 안 된다면 오톤 같은 사람은 몇백 명씩 될 것이다. 그러나 누구든지 오톤 같은 사람 천 명보다는 백스터 같은 사람 한 명을 더 원할 것이다.

백스터의 진지한 열성

　백스터와 동시대에 살았던 사람이 그에 대해 이렇게 말했다.

　"백스터가 영혼에 대해 깊은 관심을 표명하며 말할 때 보면, 정말 혼신을 다해 말한다."

그러니 그처럼 놀라운 사역을 할 수밖에! 그의 설교를 듣는 사람들은 말할 수 없이 중요한 문제를 다루고 있는 사람을 대한다는 느낌을 받았다고 한다.

우리의 사역이 좀더 효과적이요 성공을 거두려면 우리에게도 이런 진지한 열성이 있어야 할 것이다. 오늘날 많은 사람들이 그리스도를 믿지 않는 이유는 단순히 영적인 교사들의 수가 부족해서만은 결코 아니다. 즉, 신실치 못하고 일관성 없는 교사들만 있기 때문이 아니라, 소위 건전하고 신실하다는 평을 듣는다는 교사들 중에 차갑고 냉랭한 사람들이 많이 있기 때문이다.

만일 기독교가 참종교라면 그것은 모든 것을 희생할 만큼의 가치를 지니고 있어야 하며, 그 일에 종사하는 사람들은 최대한의 열심과 성의를 가지고 그것을 전파해야 한다고 사람들은 생각한다. 그런 열심 없이 전파한다면 그것은 무신론자와 다를 바가 없다고 생각한다.

물론 그들은 이런 종교적 열심을 보고 싫어하거나 혐

오 내지는 조롱할 수도 있고 심지어 핍박할 수도 있지만, 그래도 속으로는 만일 하나님과 구세주가 정말 살아 계시며 천국과 지옥이 정말 존재한다면, 그에 합당한 열심과 사랑을 가지고 그 말씀을 전파해야지 그렇지 못한 것은 다 위선이요 거짓이며 허위라고 생각한다.

따라서 그들은 냉랭하고 차가운 목사들이 전하는 생명 없는 설교를 들으면 이렇게 생각한다.

"목사 자신도 자기가 설교하고 있는 것을 믿지 않는 판국에 우리가 그걸 꼭 믿어야 할 이유가 어디 있담. 또 만일 목사들이 먹고 살기 위한 수단으로 자기들이 설교하는 교리를 믿고 있는 거라면, 그 교리에서 땡전 한푼 벌지 못하는 우리가 그 교리를 좀 부인했기로서니 그게 뭐 그리 나쁜 일이람."

또 로랜드 힐Rowland Hill은 이렇게 말한 바 있다.

생각 없이 성급하게 하는 설교는 혐오감을 불러일으키

고, 쭈뼛거리며 소심하게 하는 설교는 불쌍한 영혼들을 졸게 만들 뿐이다. 담대한 설교만이 하나님이 인정하시는 설교다.

목회자의 사역이 손상되고 영혼들이 황폐해지는 원인은 꼭 그 목회자의 신앙이 건전치 못하다거나, 그가 의무를 게을리 한다거나, 그 생활이 자신의 가르침과 일치하지 않기 때문만은 아니다.

자신이 믿는 신조나 행실에 있어서 전혀 흠잡을 것이 없는 목사도 얼마든지 교인들에게 영적 유익을 끼치는 대신 오히려 큰 장애물이 될 수 있다.

예를 들어 정통신학은 고수하지만 바싹 마른 빈 물통과 같은 목사가 바로 그런 사람이다. 입으로는 인생의 도에 대해 설교하지만 정작 자기 자신은 서리가 초목을 죽이듯 그렇게 냉랭한 삶을 사는 사람이다.

그런가 하면 말로는 십자가를 선포하면서 실제로는 사

람들을 십자가에서 쫓아내는 목사들도 있다. 심지어 양 떼들에게 축도하는 순간마저 하나님과 양떼들 사이를 가로막고 서 있는 목사들이 있다.

온화한 입술을 통해 나오면 단비나 이슬처럼 사람들 영혼을 촉촉히 위로할 수 있는 말이, 그의 입술을 통해 나오면 마치 눈이나 우박처럼 영혼을 싸늘하게 만들어 영적 생명을 시들게 한다.

이처럼 그의 입술을 통해 나오는 말은 모두 참이요 말할 수 없이 소중한 것들이지만 설교자 자신의 사랑이 부족해서, 진지한 열성이 부족해서 그동안 주님을 떠난 영혼들의 수가 얼마나 많은지 모른다.

우리의 유일한 목표 :
영혼을 그리스도께로 인도하는 것

기독교 사역의 목적은 무엇인가? 그것은 물론 죄인들

을 회심시키며 그리스도의 몸을 세우는 것이다. 신실한 목사라면 누구나 이 목적을 달성하지 못할 때 마음이 불편할 것이다. 사람들의 박수 갈채, 인기나 명성, 명예나 재산, 이 모든 것이 실은 다 헛된 것이다. 만일 영혼들을 그리스도께 인도하지 못한다면, 성도들의 성장을 도모하지 못한다면 우리의 사역은 모두 헛수고가 될 것이다.

따라서 우리는 각자 양심에 대고 다음과 같은 질문을 던져 볼 필요가 있다.

그동안 내 사역의 목적은 잃어버린 영혼들을 구원하고, 구원받은 영혼들을 잘 인도해 주는 것이었는가? 그것이 정말 내 마음의 소원이었는가? 내가 하는 모든 설교와 심방의 목적도 이것 때문이었는가? 나는 과연 말할 때나 걸을 때나 나의 모든 삶 속에서 항상 이 생각을 하며 생활하고 있는가? 내가 기도하고 수고하며 금식하고 우는 이유도 과연 이것 때문인가?

나는 과연 나 자신이 구원받은 것 다음으로 이 일을 가장 중요하게 생각하며 이 일을 위해 모든 시간을 바치고 있는가? 또 다른 사람들을 구원하는 도구로 쓰임받는 것을 가장 큰 기쁨으로 여기고 있는가? 이 목적을 이루기 위해 내가 존재한다고 생각하는가? 이 일을 이루기 위해서라면 기꺼이 죽을 각오도 되어 있는가?

내 손으로 하는 일로 말미암아 주의 뜻과 소원이 이루어지는 것을 본 적이 있는가? 나의 사역으로 인해 영혼들이 회심하는 것을 본 적이 있는가? 하나님의 백성들이 내 입에서 나오는 말을 듣고 새 힘을 얻어 기쁘게 순례 길을 계속 가는가, 아니면 수고의 열매가 전혀 나타나지 않고 있는데도 불구하고 그냥 만족한 채 그 상태에 그대로 머물러 있는가? 내 설교를 듣고 구원받은 사람은 물론 죄를 깨달은 사람조차 없지만 그저 의무적으로 설교를 하고 있지는 않은가?

그리스도의 참사역자라면 자신의 사역이 실제적으로 성공을 거두지 못할 경우, 절대 만족하지 않을 것이다. 설령 자기가 세운 계획들이 순조롭게 진행되어 나가고 있으며 겉으로 보기에 그 사역이 꾸준히 발전해 나가는 것처럼 보인다 해도, 실제로 구원받는 영혼들이 없다면 이 모든 것을 아무것도 아닌 것으로 간주할 것이다.

그리스도의 참사역자는 "나의 자녀들아 너희 속에 그리스도의 형상이 이루기까지 다시 너희를 위하여 해산하는 수고를 하노니"갈 4:19라는 심정을 갖고 있다. 그의 사역이 성공하는 이유도 바로 이런 이유 때문이다.

"목사는 계속해서 죄인 회심시키는 일을 목적으로 삼지 않는 한 성공했다고 볼 수 없다."고 오웬Owen은 말했다. 성공의 비결은 간단하다. 하나님께서 주시는 능력과 축복을 힘입어 반드시 성공하고 말겠다는 단호한 결심을 가지고 사역에 임한다면 분명히 성공할 것이다.

어떤 어려움에 부딪혀도 반드시 극복하겠다는 결심 아

래 그 사역을 위해 치러야 할 대가를 계산해 본 다음, 그 눈을 오직 위에 있는 상賞에만 고정시키고 그리스도를 위해 싸우며 자기 길을 가기로 결심한 사람, 이런 사람만이 승리할 수 있다.

그리스도에 대해 그저 냉담하고 무심하던 시대는 이미 지나갔다. 사탄은 아주 적극적인 자세로 작전을 개시했다. 따라서 이제는 정면으로 사탄과 대결하는 것만이 최선의 길이다. 게다가 사람들의 양심이 얼마나 무뎌졌는지, 하나님은 노아 홍수 이전처럼 그들의 양심을 일깨우기 위해 진력하고 계신다. 또 성령께서 역사하시어 이 땅에 전례 없는 부흥을 허락하셨다. 그러므로 지금은 아주 놀라운 때로, 우리는 그것이 지속되는 한 이 때를 잘 이용할 필요가 있다.[1]

모든 의심과 곤고함, 콕콕 찌르는 양심의 아픔, 만족을

---

1. 이것은 Bonar가 자기 시대(1859년)의 영적 상황에 대해 언급한 말인데 현재의 영적 상황에도 놀랄 만큼 꼭 들어맞는 말이다.

얻지 못한 채 무언가 갈급해 하는 영혼, 오직 그리스도만이 이 모든 것의 진정한 목표요 평안한 안식처다. 교회가 아니라 그리스도요, 교리나 어떤 형상이 아니라 그리스도요, 어떤 종교 의식이 아니라 그리스도다.

우리를 위해 자신의 생명을 내어 주시고, 십자가의 보혈을 통해 하나님과 화평을 이루게 하시며, 영원한 언약에 인치신 하나님이요 동시에 인간이신 그리스도, "그 안에는 지혜와 지식의 모든 보화가 감춰어 있는"골 2:3, 모든 빛과 진리의 보고寶庫되신 그리스도, 성령으로 충만하신 무한한 그릇이요, 빛을 비춰 무지를 깨우치는 계몽자요, 진리를 가르치는 교사요, 영혼을 소생케 하는 분이요, 보혜사이신 그리스도이다. 그래서 "우리가 다 그의 충만한 데서 받으니 은혜 위에 은혜"요 1:16이다. 그분만이 우리의 유일한 목표요 안식처다.

큰 유혹자 사탄이 무저갱에 갇히고 모든 싸움이 완전한 승리로 끝날 때까지, 오직 그리스도만이 불안하고 초조

한 영혼들의 피난처요, 굳건한 반석이요, 평안한 집이다.

인간의 "견해"에 대해서는 진리로 맞서라

그렇다면 지금은 자랑거리지만 머지않아 시대의 유물이 될 수도 있는 이 "진지한 열성"을 살펴보도록 하자.

진지한 열성이 있어야 이 시대의 들뜬 열기를 하나님의 은혜의 복음이라는 차분한 축복으로 진정시킬 수 있다. 그 외의 다른 모든 것은 진정제나 마약 또는 가짜 치료제에 불과하며, 오직 그리스도의 복음만이 하나님의 치료제로서 가장 신속하고 영원한 효력을 발한다.

다른 사람이 어떤 "견해"를 제시한다고 해서 우리도 "견해"로 맞서면 절대 안 된다. 우리가 휘둘러야 할 무기는 하나님의 진리다. 즉, "성령의 검"으로 인간의 이론(물론 당사자는 자기 "견해"라고 자랑스럽게 말하겠지만)에 맞서야 한다. 그래서 그 사람으로 하여금 자기가 그동안 얼마나 어리석은 궤변을 거미줄처럼 짜놓고 그 속에 스스로 빠져 파멸을 초래했는지 깨닫게 해주어야 한다.

인간이 필요로 하는 것은 견해가 아니라 진리요, 신학이 아니라 하나님이며, 종교가 아니라 바로 그리스도다.

인간이 필요로 하는 것은 문학이나 과학이 아니라 독생자 예수 그리스도를 우리에게 내어주신 하나님의 그 무한하신 사랑을 아는 것이다.

리처드 백스터는 이렇게 말했다.

다른 사람들은 자기 자신에 대해 어떻게 생각할지 모르지만 나는 나 자신이 참으로 어리석다고 생각한다. 그리고 나 자신의 영혼이나 다른 사람들의 영혼을 다룰 때, 주께서 심판주로 오실 그날을 기다리는 자답지 않게 다루는 나 자신을 보며 의아하게 생각한다. 이처럼 놀라운 일에 완전히 몰입하지 못한 채, 다른 생각을 하고 다른 말을 할 여유를 갖고 있는 나 자신을 보면 참 이상하다는 생각이 든다. 어쩌면 이런 문제들에 대해 그렇게 가볍고 냉랭하게 설교할 수 있는지 그 점에 대해서도 이해가 가지 않는다.

그리고 사람들이 그렇게 죄 가운데 빠져 있는 것을 보고도 어떻게 그대로 방관하고 있을 수 있는지, 그들이 내 말을 듣든 말든 또 그로 인해 내게 어떤 고통이나 곤란이 생기든 안 생기든, 전혀 개의치 말고 주님을 위해 그들에게 가서 회개를 촉구해야 하는데, 그렇게 하지 않고 있으니 정말 어이가 없을 뿐이다.

강대상에서 설교를 끝내고 내려올 때마다 거의 언제나, 내게는 이제 진지함도 열심도 없다는 생각에 양심이 찔린다. 설교할 때 미사 여구를 충분히 사용하지 않았다거나 우아하게 하지 못했다거나 무례한 말을 사용했다고 해서 양심이 찔린 적은 없다. 오히려 다음과 같은 생각들 때문에 항상 양심이 찔린다.

"어떻게 그런 심정을 가지고 생사에 관한 설교를 할 수 있단 말인가? 천국과 지옥에 대해 설교하면서 어떻게 그렇게 무심하고 졸린 듯한 말투로 말할 수 있었을까? 너는 네가 설교하는 것을 정말 믿고 있는가? 진심에서 우러나온 설교인가, 장난삼아 한 설교인가? 어떻게 그렇게 아무렇지도 않게, 사람들에게 죄는 이러한 것이며 여러분 앞에는 이처럼 많은 고통과 비참함이 기다리고 있다고 말할 수 있단 말인가? 그런 사람들을 보고 울어야 마땅하지 않은가? 뺨을 타고 흘러내리는 눈물 때문에 설교를 중단했어야 마땅하지 않은가? 큰소리로 울며 그들에게 하나님의 법을 어겼다는 사실을 깨닫게 해주었어야 하지 않은가? 그래서 저들로 하여금 열심을 내서 생명과 사망에 관해 알고 싶어하도록 만들었어야 하지 않은가?"

진실로 나의 양심은 귀가 멍멍하도록 큰소리로 이렇게 외치는데, 졸린 나의 영혼은 그래도 깨어나려 하지 않고 있으니, 어쩌면 이렇게 무감각하고 강퍅한 마음을 갖고 있을 수 있을까! 오, 주님, 이 불신앙과 완악함으로부터 우리를 구원해 주소서. 그렇지 않으면 우리가 어떻게 주님의 도구로서 다른 사람들을 불신앙과 완악함으로부터 구원할 수 있겠습니까? 오, 주님, 우리를 통해 다른 사람들의 영혼에서 이루시고자 하는 바로 그 일이 우리 영혼에서 먼저 이루어지게 하소서!

2. 목회자의 진실된 삶

진정한 그리스도인만이 참목회자가 될 수 있다. 자신이 먼저 하나님께 부르심을 받아야 다른 사람들을 하나님께 인도할 수 있다. 사도 바울은 이 점에 대해 다음과 같이 말하고 있다.

"……저가 그리스도로 말미암아 우리를 자기와 화목하게 하시고 또 우리에게 화목하게 하는 직책을 주셨으

니." 고후 5:18

이처럼 목회자들이 먼저 하나님과 화목하는 체험을 해야 비로소 다른 사람들을 하나님과 화목하게 하는 직책을 받을 수 있다. 그렇다면 우리는 과연 하나님과 화목한 목회자인가?

만일 어떤 사람이 다른 사람들의 영적 안내자 역할을 하고 싶어한다고 하자. 그 일을 감당할 수 있으려면 먼저 자신부터 구원의 길을 알아야 한다.

"죽은 교수들 때문에 천국으로 가는 길이 막혀 있다."는 말이 있는데, 그 길을 막고 있는 것이 비단 일반 교인들뿐일까? 그렇지 않다. 우리는 그 사실을 너무나 잘 알고 있다. 그렇다면 여기서 목회자 자신에게 주의를 기울여 볼 필요가 있다.

목회자의 삶은 단순히 목회 사역의 한 단면에 불과한 게 아니라 그 이상이라 할 수 있다. 따라서 이제부터 목회자의 거룩한 삶에 대해 잠시 살펴보고자 한다.

목사인 우리는 아침 일찍 일어나 주님을 만나야 한다. "내 마음이 아침 일찍부터 주님의 임재 속에 젖어 있을 수 있다면 그날 하루 종일 내게서 주님의 향내가 날 것이다."

그러기에 매일 다른 누구를 만나기 전에 먼저 하나님부터 뵙도록 하자.

맥셰인McCheyne은 이 점에 대해 다음과 같이 말하고 있다.

아침에 다른 사람을 만나기 전에 먼저 기도부터 해야 하는데도 불구하고, 늦게까지 자거나 아침 일찍 다른 사람을 만난 다음 가족과 함께 조반을 들고 방문객들을 맞이하다 보면, 혼자 기도할 시간을 갖기도 전에 벌써 오전 11시나 정오가 된다. 그러나 이것은 아주 한심하고 비성경적인 스케줄이다.

그리스도께서는 미명에 일어나 기도하러 한적한 곳으로 가셨다……먼저 주님과 함께하는 시간을 갖지 못했으니, 가족과 함께하는 기도도 힘이 없고 도움을 청하러 오는 사람들에게도 별 도움이 되지 못할 뿐만 아니라, 양심은 양심대로 찔리고 양식을 먹지 못한 영혼은 영혼대로 굶주림에 허덕이며 내 안에 있는 빛은 빛대로 어둠침침한 상태에 있다. 그러다가 막상 혼자 은밀히 기도할 시간이 되면 기도드릴 기분이 전혀 나지 않는다.

그러니 하나님과 함께 하루를 시작하는 것이 훨씬 더 좋을 것이다. 하나님의 얼굴을 먼저 구하고, 다른 사람과 만나기 전에 먼저 하나님과 영적인 교제를 나누는 것이 훨씬 더 좋을 것이다……다른 일을 시작하기 전에 먼저 하나님과 단 둘이 적어도 한 시간을 함께하는 것이 좋을 것이다. 그러나 그 시간을 채웠다고 해서 또는 그 시간에 홀로 있었다고 해서 그것을 하나님과 교제한 것으로 착각하지 않도록 조심해야 할 것이다.

이 신실한 그리스도의 종이 사랑하는 한 형제에게 권

면한 다음과 같은 말을 들어보자.

> 형제 자신에게 주의를 기울이시오. 형제가 가장 큰 관심을 가지고 가장 먼저 돌보아야 할 영혼이 있다면 그건 바로 형제 자신의 영혼이오. 육체가 건강해야 힘차게 일할 수 있듯이 영혼이 건강해야 능력 있게 일할 수 있다오. 어린양의 피를 통해 항상 형제의 양심을 깨끗이 지키도록 하시오. 항상 하나님과 가까운 교제를 나누며 모든 일에 주님의 형상을 닮기 위해 정진하시오. 성경을 읽되, 먼저 형제 자신의 성장을 위해 읽고 그 다음에 형제가 돌보아야 할 사람들을 위해 읽도록 하시오.

맥셰인의 전기를 쓴 작가는 이렇게 말하고 있다.

> 맥셰인의 모든 수고는 항상 자기 자신의 영혼을 준비하는 일로부터 시작되었다. 그는 매일 방문객을 맞이하거

나 다른 사람들을 방문하기 전, 아침 일찍 주님과 함께 몇 시간씩 조용히 보내는 시간을 가졌다. 그의 골방 사방 벽을 보면 그가 얼마나 많이 기도했는지 알 수 있는데, 그는 하나님께 부르짖으며 기도했을 뿐 아니라 눈물을 흘리며 간구했음에 틀림없다.

이른 아침이면 그의 방에서 시편을 읽는 낭랑한 목소리가 흘러 나오곤 했다. 그런 다음에는 자기 영혼의 양식을 위해 하나님의 말씀을 읽었는데, 맥셰인만큼 시편 1편에 적혀 있는 축복을 온전히 깨달은 사람도 아마 드물 것이다.

실은 우리 모두 이래야 하는 것 아닐까?

"말씀을 묵상하고 기도하는 가운데 하나님과 함께 시간을 보내는 것이 기독교의 생명이요, 경건의 핵심이며, 하나님의 은혜를 가장 많이 받아 누릴 수 있는 첩경이다."라고 홀 주교는 말했다.

"강대상에서 그처럼 힘이 없는 이유는 우리가 밀실에서 보내는 시간이 너무 적기 때문"이 아닐까 하는 두려운 생각이 든다.

하나님과 동행하라

"평범한 진리를 아주 비범한 진리로 만들고 싶을 때는 그 진리를 행동으로 옮기기만 하면 된다."고 콜리지 Coleridge는 말했다.

하나님과 동행한다는 것은 아주 평범한 진리지만 그것을 행동으로 옮기면 굉장히 놀라운 빛을 발하는 진리로 변할 것이다. 이 진리는 얼마나 진부한가! 그런데 이 진리대로 행하는 사람이 그토록 드물다니!

이 진리가 독자들에게 요구하는 것은 어떤 추상적인 이상을 심사 숙고해 보라는 것이 아니라 실제로 하나님과 동행하는 사람, 그런 삶에 대해 생각해 보라는 것이다. 그러나 이 말을 실천하는 사람은 아주 드물다. 우리 자신부터 실천할 수 있다면 얼마나 좋을까!

정열적이고, 경건하며, 성공적 사역을 한 것으로 유명한 존 베리지John Berridge에 대해 누군가 이런 말을 한 적이 있다.

그는 사역 후기에 하나님과 친밀한 교제를 나누는 데 주력했는데, 그에게 있어서 하나님과의 친교는 곧 먹고 마시는 양식이요 생전 자리를 뜨고 싶지 않을 만큼 진수성찬이 차려져 있는 잔칫상이었다.

여기서 우리는 존 베리지가 그토록 강할 수 있었던 비결이 무엇인지 알게 된다. 우리도 이 잔칫상에 항상 앉아 있으면, 머지않아 베리지처럼 "첫해에 약 1,000명의 사람들이 그를 방문했는데, 모두 그에게서 아주 깊은 감명을 받고 돌아갔다."는 말을 듣게 될 것이다.

설교보다 설교자 자신을 연구하라

"그들이 그처럼 성공적인 사역을 할 수 있었던 비결은 무엇일까요? 우리는 왜 그들처럼 성공적인 사역을 하지 못하는 걸까요?"라고 묻는 사람들이 있는데, 그런 사람들은 자신이 하는 설교보다 자기 자신을 먼저 돌보아야 한다.

물론 조지 휘트필드나 존 베리지나 조나단 에드워즈 같은 사람들의 설교를 연구해서 그 양식을 흉내낼 수도 있겠지만, 사실 우리가 주로 연구해야 할 대상은 바로 그 사람들 자신이다. 우리의 사역이 그들 사역처럼 능력 있고 성공적인 사역이 되기 원한다면, 우리는 단순히 그들이 한 일보다 그들의 정신을 본받아야 한다.

그들은 아주 영적인 사람들로 하나님과 동행했던 사람들이다. 따라서 우리도 살아 계신 구세주와 친밀한 교제를 나눌 때에야 비로소 그분의 형상대로 변화를 받음과 동시에 복음을 성공적으로 전파하는 능력 있는 사역자가 될 것이다.

주님과의 이런 교제 없이는 다른 모든 것이 다 갖추어져 있다 해도 소용없을 것이다. 이런 교제 없이는 아무리 정통신학을 고수하고, 학식이 많고, 웅변술이 좋고, 변증에 강하고, 열심이 있고, 진지해도 주님의 일을 성공적으로 해낼 수 없다.

힘있게 말하고 설득력 있게 논쟁할 수 있는 능력은 오직 살아 계신 구세주와의 친밀한 교제로만 가능한 것이다. 이런 교제를 나눌 때 비로소 우리의 말이 길르앗 향료가 되어 상처받은 심령들을 싸매어 줄 수 있으며, 우리의 논쟁이 강력하고 예리한 화살이 되어 완강히 저항하는 사람의 양심에 박힐 수 있는 것이다.

주님과 거룩하고 복된 교제를 나누며 동행하는 사람들은 어디를 가나 항상 고결하고 복된 향기를 은은하게 풍기며 그 주변을 아름답게 만든다. 주님께 가까이 나아가 그분과 친밀한 교제를 나누며 그분의 성품을 닮아가는 것이야말로 바로 능력 있는 사역을 하는 비결이다.

우리가 교인들한테 "우리는 주님의 영광을 직접 보았기 때문에 이렇게 그 영광에 대해 말할 수 있습니다. 다른 사람들 말을 전해 들었기 때문이 아니라, 우리 눈으로 직접 그 아름다우신 왕을 뵈었기 때문에 이렇게 말하는 겁니다."라고 말할 수 있다면 얼마나 멋있을까! 주님 안에서 충만한 기쁨을 누리고 그분과 친밀한 교제를 나누게 될 때, 그때에야 비로소 사람들을 그리스도께로 인도할 수 있는 능력이 우리 안에 넘치게 될 것이다.

그리스도를 반영하는 표정, 그분의 사랑과 은혜가 넘치는 표정, 우리가 이런 표정을 갖게 될 때 비로소 무심하고 경솔한 이 세상이 우리를 주목하게 될 것이요, 피조물에 대한 사랑과 피조물의 아름다움에 매료되어 잠시도 쉬지 못하는 영혼들을 그 현혹으로부터 건져내는 데 도움이 될 것이다.

이처럼 능력 있는 사역은 주님과 나누는 거룩하고 평온하며 사랑스럽고 친밀한 교제의 열매이다.

신실해야만 사역에 성공한다

"그 입에는 진리의 법이 있었고 그 입술에는 불의함이 없었으며 그가 화평과 정직한 중에서 나와 동행하며 많은 사람을 돌이켜 죄악에서 떠나게 하였느니라." 말 2:6

이 말씀 속에서 신실함과 사역의 성공 사이에 존재하는 함수 관계가 무엇인지, 즉 경건한 삶과 "많은 사람을 돌이켜 죄악에서 떠나게" 하는 것 사이에 어떤 관계가 있는지 한번 살펴보도록 하자.

우리는 처음 목사로 안수받을 때 영혼들을 구원하는 것이 우리의 목적이라 선언했을 뿐 아니라 지금도 여전히 그 일을 위해 수고하며 애쓰고 있다. 그런데 그 목적을 이룰 수 있는 수단은 거룩한 삶을 살고 맡겨진 사역을 신실히 수행하는 것이다.

이 두 가지 사이에는 아주 분명하고 밀접한 함수 관계가 있어서 그대로 이루어질 것을 믿어도 된다. 즉, 우리는 그 목적이 실현될 것을 자신 있게 기대하며 기도하고 수고하라는 부르심을 받고 있다.

따라서 혹시 이 함수 관계대로 이루어지지 않을 경우에는 그 잘못이 혹시 우리에게 있는 게 아닌지 먼저 우리 자신부터 부지런히 살펴보아야 한다. 우리 자신의 믿음이나 사랑이 부족한 탓은 아닌지, 기도나 열심이나 온화함이 부족해서 그런 건 아닌지, 영성이 부족하거나 거룩한 생활을 영위하지 못해서 그런 것은 아닌지 부지런히 살펴보아야 한다. 왜냐하면 바로 이런 것들 때문에 성령이 근심하며 떠나시기 때문이다.

성공은 손만 뻗치면 얼마든지 닿을 수 있는 곳에 있다. 성공은 바람직한 것일 뿐 아니라 하나님께서 이미 약속하신 것이기도 하다. 그런데 만일 우리가 하고 있는 사역이 성공을 거두지 못한다고 하자. 신실한 사역자로서 이보다 더 원통한 일이 어디 있겠는가?

이처럼 하나님과 동행하며 맡겨진 일을 신실하게 수행할 때 성공은 반드시 오게 되어 있다. 그렇다면 우리가 하는 사역의 성공 여부는 우리 자신의 거룩한 삶, 일관성 있는 성품, 천국의 향내를 풍기는 언행에 달려 있다 해도 과언이 아닐 것이다.

목회자로서의 우리의 위치는 사역에서 이처럼 중요한 자리를 차지하고 있다. 이래도 좋고 저래도 좋다는 식의 중립적 위치에 있는 사람들이 아니다.

따라서 남에게 손해도 입히지 않지만 그렇다고 해서 그리스도의 모습을 분명히 나타내지도 않는 그런 삶을 살아서는 안 된다. 사람들은 우리의 삶을 보고 그리스도로부터 멀어질 수도 있고 그리스도께 가까이 다가올 수도 있다. 즉, 우리의 삶이 사람들의 영혼을 구할 수도 있고 파멸시킬 수도 있다는 뜻이다. 그렇다면 자신의 영성을 키우고 거룩한 삶을 살아야 한다는 우리의 소명이 얼마나 큰 소명인지 모른다. 이 소명을 이루기 위해 우리는 최선을 다해야 할 것이다.

이처럼 중요한 우리의 위치를 고려해 볼 때, 세속적인 마음이나 허영심, 경박한 언행이나 태만함을 나타내서도 안 될 것이요, 우리의 사역을 형식적으로 냉랭하게 수행해서도 안 될 것이다.

모든 사람들 가운데서 특히 그리스도의 사역자는 하나님과 동행해야 할 소명을 갖고 있다. 그의 모든 것, 예를 들어 마음의 평안과 기쁨이라든가 주께서 다시 오실 때 받게 될 상급 등이 모두 이 하나에 달려 있다.

그러나 무엇보다도 하나님께서 이 길만이 오직 하나님의 축복을 받을 수 있는 확실하고 참된 길이라고 말씀하셨다. 따라서 이것이야말로 사역이 성공할 수 있는 비결 중의 비결이라고 할 수 있다.

하나님과 동행하는 사람은 이 무지한 세상을 향해 하

나님의 얼굴에서 나오는 광채를 비춰준다. 하나님과 가까이 동행하면 할수록 그 광채는 더욱더 환히 빛날 것이다. 하나님과 동행하는 사람의 표정과 분위기 속에는 거룩한 기쁨과 잔잔한 고요가 서려 있어 항상 주변을 차분하고 조용하게 만들어 준다. 하나님과 동행하는 사람은 가는 곳마다 생명을 주고받는다.

성경에 기록되어 있는 대로, 그 사람한테서는 "생수의 강이 흘러 나온다."요 7:38 그는 세상의 빛이요, 세상의 샘물이다. 사방으로 생수를 뿜어내어 사막에서 장미꽃이 피어나게 하는 샘으로, 평화로운 삶을 영위하면서 황무지 같은 이 세상에 물을 뿌려 준다.

그의 삶이 복되며, 그의 본보기가 복되고, 주님과 나누는 그의 친밀한 교제가 복되며, 그가 하는 말이 복되고, 그의 사역이 복되다! 그로 말미암아 영혼들이 구원받고, 죄인들이 회심하며, 많은 사람들이 죄의 길에서 떠난다.

3. 과거의 잘못들

"나의 하나님이여 내가 부끄러워 낯이 뜨뜻하여 감히 나의 하나님을 향하여 얼굴을 들지 못하오니……이렇게 하신 후에도 우리가 주의 계명을 배반하였사오니 이제 무슨 말씀을 하오리이까." 스 9:6, 10

매주마다 설교하고, 기록된 대로 주의 만찬을 집행하

며, 교인들을 심방하고, 이런저런 회의에 참석하는 것 – 좀 외람된 말이긴 하지만 혹시 이것이 바로 그리스도의 양떼들을 돌본다는 목사들 대부분의 목회 생활을 요약하는 말이 아닐까?

30년, 40년 혹은 50년간 목사로 일해도 하는 일이 늘 이런 것일 때가 많다. 사실 많은 목사들에게는 그 많은 설교, 그 많은 세례식, 그 많은 성찬식, 그 많은 심방, 그 많은 회의 등이 그들이 평생 동안 한 사역의 전부일 때가 많다. 교인 명부나 목회 일지에는 그동안 구원받은 영혼들에 대한 기록 같은 것은 아예 적혀 있지도 않다.

목회자들의 이런 사역 때문에 그동안 수많은 사람들이 죽어 갔다. 그러나 심판날이 되면 그들이 다만 한 영혼이라도 구원받게 했는지의 여부가 드러날 것이다. 목회자들이 학식은 갖고 있으나 "곤핍한 자를 말로 도와줄 줄 아는 학자의 혀"는 갖고 있지 않았으며, 설령 지혜를 갖고 있다 해도 그 지혜는 "영혼을 구원하는" 지혜가 아니었으며, 복음의 소리를 외쳤으나 그 안에는 기쁜 소식이 전혀 들어 있지 않았다. 즉, 온화한 입술에서 흘러 나와 사람들의 귀를 놀라게 하는 영생의 메시지인 "복되신 하나님의 영광스러운 복음"의 소리는 아니었다.

또 교인들은 늘 사는 대로 살며, 목회자도 그들의 중생 여부에 대해 전혀 묻지 않는다. 그러다가 병이 들면 목사를 초대한다. 그리고 임종시에 그것이 무슨 천국 가는 통행증이라도 되는 양 목사의 기도를 받는다. 죽은 다음에는 조상들 묘 옆에 나란히 묻힌다. 사람들은 장례식에 참석하여 함께 기도하며 그들이 남긴 자취에 대해 존경의 뜻을 표한다.

그러나 죽은 그 영혼은 어느 누구의 보살핌도 받지 못한 채 하나님의 심판대로 올라간다. 심지어 그들의 영혼을 보살피겠다고 서약했던 목사조차, "심판대 앞에 설 준비가 되었습니까?"라고 묻거나 다가올 저주를 피해야 한다고 경고하지 않았다. 그런 경고도 받지 못한 채 죽은 그 영혼은 홀로 심판대 앞에 서야 한다.

사실 현재 많은 교회 목사들이 이렇게 행하고 있지 않은가? 나는 화가 나서 또는 질책하는 뜻에서 이런 질문을 던지고 있는 게 아니라 엄숙하고 진지한 심정으로 질문하는 것이다. 따라서 우리 모두 이 질문에 대답해야 할 의무가 있다.

우리의 "마음을 깊고 세밀하게 살피며" 그동안 자신이 신실하지 못했음을 깨달아야 할 때가 있다면 바로 지금이 아닐까 사료된다. 하나님이 우리를 찾아오신 지금, 그 양손에 심판과 긍휼을 함께 들고 우리를 찾아오신 지금이야말로 바로 그 때가 아닐까?

형제를 사랑하는 마음에서 이 질문을 던지고 있는 만큼, 이에 대해 저주를 한다거나 원통함을 표시하면 안 될 것이다. 만일 위에서 말한 것이 사실이라면, 지금 목회자와 하나님의 백성들이 얼마나 큰 죄를 범하고 있는 셈인가! 영적인 황폐함이 얼마나 팽배해 있겠는가!

만일 그것이 사실이라면 무언가 잘못돼도 단단히 잘못되었음에 틀림없다. 목회자들은 모두 다 진지하게 무엇이 잘못되었는지 자신을 살펴보고 깊이 회개해야 할 것이다.

열매 없는 사역의 비극

땅을 갈고 씨를 뿌렸는데 맺히는 열매가 하나도 없다! 기계는 계속 돌아가는데 생산되는 제품은 하나도 없다! 그물을 널리 펴 바다에 던졌는데 잡히는 고기가 한 마리도 없다!

이런 일을 여러 해 동안, 아니 평생 동안 되풀이한다고 생각해 보라! 얼마나 이상한 일인가!

그러나 실제 그런 일이 일어나고 있다. 이것은 꾸며낸 이야기도 아니요 과장된 이야기도 아니다. 목회자들에게 직접 물어 보라. 그리고 그들이 뭐라고 대답하는지 들어보라.

어쩌면 자기들이 한 설교에 대해 말할지 모르지만, 사람들에게 정말 축복이 된 설교에 대해서는 아무 말도 못할 것이다. 자기 설교를 들은 사람들이 아낌없는 칭찬과 존경을 보냈다는 말은 할 수 있을지 모르나, 그 설교가 성령의 역사로 말미암아 사람들에게 실제적인 영향을 끼쳤는지에 대해서는 아무 말 못할 것이다.

또 그동안 몇 명이 세례를 받았고 몇 명이 교인으로 등록했는지에 대해서는 말할 수 있을지 모르나, 몇 사람의 영혼이 자기 죄를 깨닫고 회심하여 은혜 가운데 성숙하고 있는지에 대해서는 아마 아무 말 못할 것이다.

또 그동안 자기들이 집행한 성례전 하나하나에 대해 말할 수 있을지는 모르나, 그 성례전 중 어느 것이 정말 영혼을 "새롭게 하는 시간" 혹은 영혼을 일깨우는 시간이 되었는지에 대해서는 아무 말 못할 것이다.

또 그동안 자기 손으로 얼마나 많은 권징을 행했는지에 대해서는 말할 수 있을지 모르나, 그 중 어떤 것이 과연 사람들로 하여금 구원에 이르게 하는 회개를 하게 만들었는지에 대해서는 전혀 아는 바가 없을 것이다.

그리고 참회자가 정말 "깨끗이 씻음받고 성화되고 의롭게 된" 증거를 보여 주었는지의 여부에 대해서도 전혀 모를 것이다. 아니 이런 것들에 대해서는 아예 생각조차 하지 않는다는 말이 더 맞는 말일 것이다.

또 주일학교에 출석하는 것이 어떤 것이며, 주일학교 교사가 갖추어야 할 능력이 무엇인지에 대해서는 말할 수 있을지 모르나, 자기가 먹이겠다고 서원한 그 소중한 어린 영혼들 중에서 과연 몇 명이 주님을 찾고 있는지에 대해서는 전혀 아는 바가 없을 것이다. 그리고 주일학교 학생들을 지도하는 교사가 정말 기도의 사람이요 경건한 사람인지조차도 모른다.

그들은 자기 교구내의 인구가 얼마이며 자기 교인 수가 얼마인지 그리고 자기 양떼들의 세상적 지위는 어떠한지 등에 대해서는 말할 수 있을지 모르나, 교인들의 영적 상태, 즉 그 중 몇 명이나 죽음의 잠에서 깨어났으며, 그 중 몇 명이나 하나님의 사랑하는 자녀가 되어 주님을 따르고 있는지에 대해서는 아예 언급조차 하지 않을 것이다.

어쩌면 그런 것을 조사하는 것은 미친 짓이거나 건방진 일 혹은 무모한 일이라고 생각할지도 모른다. 그러나 그들은 사람들과 천사들 앞에서 분명히 그 사람들의 **영혼**을 돌보겠노라고 서약했었다. 따라서 이런 점에 대해 분명히 해명할 수 있어야 한다.

만일 그가 보살피는 **영혼**들이 구원받지 못한 채 멸망받을 상태로 남아 있다면, 그가 그동안 행한 그 많은 설교며 성례전이며 주일학교 교육이 다 무슨 소용이 있단 말인가! 그 영혼들이 기독교가 갖고 있는 생명을 보지 못한다면, 성령을 구하지 않는다면, 주님을 모른 채 그대로 죽게 된다면, 동정이나 기도를 받는 것은 고사하고 아무런 경고조차 받지 못한 채 그대로 죽는다면, 목사의 그 많은 설교와 성례전과 주일학교 교육이 다 무슨 소용이 있단 말인가!

하나님의 영광과 인간의 유익을 위하여

이전에는 이렇지 않았다. 우리 조상들은 정말로 영혼들을 보살피고 그들을 위해 설교했다. 그들은 하나님의 축복을 구했으며 또 하나님께서 축복하실 것을 기대했다. 그리고 하나님은 그들의 기대대로 축복해 주셨다.

우리 조상들은 많은 사람들을 의로운 길로 돌이키는 복된 사역을 했다. 그들의 삶이 그들이 성공할 수밖에 없었음을 보여 주고 있다.

오직 하나님의 영광과 다른 영혼들의 유익을 위해 살았던 그들의 삶을 볼 때, 우리의 마음이 얼마나 상쾌해지는지 모른다. 그들의 일생을 보면 "이 사람들은 정말 그리스도의 사역자였구나, 참파수꾼이었구나!"라는 생각이 들게 만드는 무언가가 있다.

백스터의 생애와 그가 키더민스터Kidderminster에서 행한 수고에 관한 글을 읽으면 얼마나 기분이 좋아지는지! 또 벤Venn과 그의 설교를 들으면 얼마나 엄숙해지는지! 벤은 사람들이 "그 사람 앞에서는 소석회slaked lime처럼 쓰러졌다."는 말을 들을 정도로 능력 있는 사역을 한 사람이다. 그리고 하나님의 사람인 조지 휫필드의 복된 수고를 보라. 그 안에 우리에게 도전을 줄 뿐 아니라 우리를 겸손케 만드는 것이 얼마나 많이 들어 있는지!

또한 휫필드의 영향을 받고 영적 각성을 체험한 태너Tanner는 "설교를 헛되이 하는 적이 거의 없었다."고 한다. 그런가 하면 베리지와 힉스Hicks는 잉글랜드 전역을 순회하며 선교 여행을 다닐 때, 일년에 4,000명의 영혼을 일깨우는 축복을 받았다고 한다.

오, 이런 일이 지금 다시 일어날 수 있다면, 휫필드의 때가 하루만이라도 재현될 수 있다면 얼마나 좋을까!

어떤 사람은 이런 글을 썼다.

우리가 자주 쓰는 말 가운데 이런 말이 있다. 수단과 방법을 다 강구하되 일의 결말은 하나님께 맡겨야 한다. 즉, 우리는 단지 수단을 강구할 뿐 그 이상은 할 수 없다는 뜻이다. 수단과 방법을 강구하는 것은 우리의 의무지만 그 나머지는 모든 일을 알아서 주관하시는 하나님께 맡겨야 한다.

얼핏 들으면 아주 그럴 듯한 말이다. 즉, 우리 자신의 보잘것없음을 인정하고 하나님의 주권에 전적으로 순복하는 말처럼 들린다. 그러나 실은 그렇지 않다.

그 표면은 진리처럼 보일지 모르나 그 뿌리는 거짓이다. 하나님의 주권에 순복한다고 말하는 것과 하나님의 주권에 정말 순복하는 것은 완전히 다른 문제이다.

순복에는 단념도 포함되어 있다

정말 하나님의 주권적인 뜻에 순복하는 것이라면, 그 속에는 우리 자신의 뜻을 단념하는 것도 포함되어야 한다. 그리고 자기 뜻을 단념하려면 먼저 겸허한 자세로 자기 영혼 속 깊은 곳을 가혹하리만큼 철저히 조사해 보아야 한다. 이런 과정을 거치지 않은 자기 단념은 아무 효력도 발하지 못할 것이다.

따라서 뜻한 바 목적은 이루지 못한 채 수단을 강구하는 것에만 만족한다면, 진정으로 겸손하게 자기 내면을 성찰하는 고통스러운 과정도 거치지 않은 채 모든 것을 하나님 뜻에 맡기고 있다고 생각한다면, 그건 곧 자기 기만이요 적어도 그 문제에 관한 한 진리가 우리 안에 있지 않다는 증거다.

그렇다. 하나님께 어떤 것을 정말 드린다는 것은 곧 우리의 뜻, 좀더 강조해서 말하자면 우리의 마음을 그 일에 전적으로 쏟는 것을 의미한다. 그리고 우리가 정말 죄인들을 구원하는 일을 우리의 수단을 통해 이루려는 목적으로 여기고 우리 마음을 전적으로 쏟는다면, 위에서 말했듯이 먼저 우리의 마음을 가혹할 정도로 엄격하게 조사해 본 후 우리의 뜻을 단념하는 고통도 맛보지 않은 채 순순히 그 목적을 포기하지는 않을 것이다.

따라서 영혼 구원을 위한 수단을 강구하되 그 수단에 의해 사람들이 정말 구원받는지의 여부에 대해서는 전혀 관심이 없다면, 그건 곧 우리가 자신의 뜻을 단념하지 않았다는 뜻이다.

즉, 그 문제에 관해 정말 하나님께 모든 것을 맡기지 않았다는 증거요 우리의 뜻, 즉 우리의 마음을 죄인들을 구원하고자 하는 목적에 전적으로 쏟아 본 적이 없었다는 뜻이다. 만일 우리의 마음을 전적으로 그 목적에 쏟았다면, 그 목적이 이루어지지 않았는데도 아무렇지도 않게(즉, 마음 아파하지 않으면서) 순순히 그 목적을 포기할 수는 없을 것이다.

이처럼 만일 우리가 목적 달성 없는 수단만 강구하고서 마치 모든 것을 다 주님 뜻에 맡긴 것처럼 말한다면, 그건 곧 우리가 거짓을 진리인 양 위장하고 있다는 증거다. 그것은 마치 종교적 의식과 의무가 영혼을 구원하는 것은 아니라는 사실을 뻔히 알면서도 계속 의무적으로 일할 뿐 그 이상은 절대 넘어가지 않는 형식주의자들과 마찬가지로, 진리를 내세워 자신의 거짓된 행위를 가리는 소치이다.

그런 형식주의자들에게, 그렇게 하는 것은 위험한 일이니 온 마음을 다해 열심으로 주님을 구하라고 경고해 보라. 그러면 아마 자기들도 회개하고 하나님을 믿어야 한다는 사실은 알고 있지만 자기 힘으로는 어떻게 할 수 없으니, 다만 하나님께서 그렇게 할 수 있는 은혜를 주실 때까지 기다릴 뿐이라고 대답할 것이다. 이 말 자체는 물론 맞는 말이다. 절대적으로 맞는 말이다.

그러나 여기서 그들은 자신의 거짓을 위장하고 성실치

못한 마음을 변명하기 위해 그렇게 말하고 있는 것이다. 그들이 진심으로 구원얻기를 원한다면 실제로 구원받을 때까지 절대 만족하지 못할 것이다. 구원받지 않고도 그렇게 만족할 수 있다는 것은 그만큼 하나님께 순복했기 때문이 아니라, 실은 구원을 간절히 바라지 않기 때문이다. 자기 영혼이 구원얻는 것에 대해 관심이 없기 때문이다.

거짓을 진리처럼 위장함

이것은 우리 목사들에게도 마찬가지로 해당되는 이야기다. 즉, 영혼들이야 구원을 얻든 말든 그저 영혼 구원을 위해 수단을 강구한다는 사실에만 만족한다면, 모든 일은 하나님 뜻에 맡길 수밖에 없다고 슬픈 듯이 말한다면, 우리 역시 자신의 거짓됨을 가리고 변명하기 위해 진리를 남용하고 있는 셈이다.

그 문제를 이렇게 방치해 둔다는 것은 우리가 생각하듯이 하나님께 우리 마음을 순복시켰기 때문이 아니라 실은 우리가 보살피고 있는 영혼들의 구원에 대해 무관심하기 때문이다.

그렇다. 만일 우리가 정말 이 목적을 이루고 싶어한다면, 반드시 이루고 말 것이다. 그렇지 못할 경우 우리의 마음이 찢어지듯 아플 것이다.

우리를 구원해 주신 주님은 우리더러 구원받지 못한 영혼들을 위해 울라고 가르치셨다.

주님, 주님의 심정을 저희에게도 허락해 주소서! 주님이 흘리신 눈물을 저희에게도 허락해 주소서. 주님, 인간들을 향한 우리의 마음이 너무 강퍅합니다. 주변에서 수많은 사람들이 죽어가는데도 우리는 편안히 잠을 잡니다. 그들 앞에 놓여 있는 무시무시한 운명을 보고도 무서워하지 않으며, 잃어버린 영혼들의 울부짖는 소리를 듣고도 가슴 아파하지 않습니다.

우리는 자신이 살고 있는 도시나 자기 나라, 또 전세계는 그만두더라도 자기 가족이나 학교 또는 자기 교회 교인들을 위해 매일 무릎 꿇고 기도해야 할 것이다.

한 영혼을 잃어버린다는 것이 얼마나 끔찍한 일인지 모른다. 물론 우리 눈으로 그것을 직접 본 것도 아니요, 귀로 들은 것도 아니요, 또 사람의 마음속에 들어가 본 것도 아니지만, 지옥에 떨어진 영혼은 틀림없이 영원토록 고통을 당할 것이다.

주여, 저희에게 풍성한 자비를 내려주소서!

"우리가 복음을 전하느냐 전하지 않느냐에 따라 한 영혼이 구원을 얻을 수도 있고 얻지 못할 수도 있다니! 세상에 이처럼 신비한 일이 어디 있는가!"

4. 목회자의 고백

"그러므로 어디서 떨어진 것을 생각하고 회개하여 처음 행위를 가지라 만일 그리하지 아니하고 회개치 아니하면 내가 네게 임하여 네 촛대를 그 자리에서 옮기리라." 계 2:5

1651년, 스코틀랜드 교회는 그곳 목회자들이 "매우 큰 죄를 지었으며 그 땅에 임한 하나님의 심판에 대해 책임이 크다"고 판단하여, 소위 "사역자들의 죄를 겸손히 인식함"이라는 문서를 작성했다.

아주 놀랍고 엄중한 이 문서는 아마 지금까지 작성된 문서 중 목회자들의 죄를 편견 없이 가장 적나라하게 기록한 문서일 것이다. 이 문서는 목사들이 목회를 시작하기 전에 범한 죄들을 고백하는 대목에서부터 시작된다.

수행하고자 하는 거룩한 소명에 합당치 못한 경박하고 불경스러운 대화를 한 죄와 그것을 철저히 회개하지 못한 죄.
사역에 임하기 전 그리스도 안에 거하는 법을 배우지 못한 죄.
다른 사람들에게 복음을 설교하기 전에 먼저 자신이 복음의 비밀을 체험하고 실제적 지식을 갖추지 못한 죄.
목회를 하기에 합당하도록 자신을 훈련하지 못한 죄. 예를 들어 하나님과 교제하고 기도하는 시간을 확보하지 못한 죄와, 살아 있는 사역을 할 수 있는 기회 및 다른 수단들을 증진시키지 못한 죄.

이런 일을 태만히 한 것에 대해 애통해 하지 않은 죄.

자기 부인을 배우지 못한 죄와 그리스도의 십자가를 단호하게 지지 못한 죄.

죄와 죄의 비참한 결과에 대한 의식과 이해를 부지런히 함양시키지 못한 죄.

썩어질 것에 대항하여 싸우지 못한 죄.

금욕과 극기를 배우지 못한 죄.

사역을 시작할 때 저지른 죄에 대해서는 다음과 같이 적혀 있다.

예수 그리스도의 부르심을 받지 못한 채로 목회 사역에 들어선 죄.

그 결과로서 보내심을 받지 못한 설교자들을 많이 배출

시킨 죄.

그리스도를 사랑하는 마음에서 혹은 영혼들을 구원함으로써 하나님을 영화롭게 하려는 마음에서 사역에 임하는 대신, 이 세상에 자신의 이름을 내고 생계를 유지하기 위해 사역에 임한 죄.

목회 사역에 들어선 다음 저지른 죄에 대해서는 다음과 같이 엄중하게 기록되어 있다.

하나님을 무시하고 하나님을 가까이하는 일이 적을 뿐 아니라, 하나님에 대해 읽고 묵상하고 말할 때도 하나님에 대해 거의 거론하지 않는 죄.
모든 일에서 지나치게 이기적인 죄.
자신이 동기가 되어 자신을 위해 행동하는 죄.
다른 사람들이 불충하고 태만한 것이 마치 우리 자신의 신실함과 근면함을 증명해 주기라도 하는 것처럼, 그들의 결점을 지적하고 고쳐 주기보다 오히려 그것을 기뻐하거나 그저 만족스럽게 생각하며 지낸 죄.

하나님과 친밀한 교제를 나눌 수 있는 일들을 가장 적게 즐거워한 죄.

하나님과 꾸준히 동행하지 못함은 물론이요 모든 일에서 하나님 인정하기를 등한히 한 죄.

의무를 수행할 때, 사람들 눈에 잘 띄지 않는 일에 대해서는 신경을 덜 쓴 죄.

공중公衆 앞에 서기 위해 준비할 때 외에는 하나님께 은밀히 기도드린 적이 거의 없는 죄.

또 공중 앞에 서기 위해 준비할 때도 기도를 아주 등한히 하거나 피상적으로 한 죄.

변명하기에 급급함

그리스도인으로서 먼저 우리 자신이 배우고 변화되기

위해 성경을 읽는 일은 등한히 한 채 단지 목사로서의 직무를 수행하기 위해 성경을 읽었는데, 그나마도 소홀히 한 경우가 많았던 죄.

시간을 내서 자신의 삶에 대해 심사 숙고하거나 재고해 보지 않음으로 인해, 철저히 자기 죄를 회개하고 하나님께 순복하지 못한 죄.

자연인의 양심에 비추어 볼 때 자신은 그다지 악한 사람도 아니요, 또 악을 미워하는 사람이라고 생각하며 자신을 기만한 죄.

또 그런 자신을 보고 자기의 영적 상태와 본질이 정말 변했다고 생각하여 자신을 기만한 죄.

자신의 마음을 제대로 파수하지 못한 죄. 즉, 마음에 악한 생각이 들어와도 그것을 그대로 묵인하고 자기 반성을 소홀히 함으로써 자기 자신과 서먹서먹해짐은 물론이요 하나님과도 멀어진 죄.

자기가 알고 있는 자신의 악한 소위들, 특히 자신의 지배적인 성격과 싸워 그것을 몰아내지 못한 죄.

자신의 성향이나 교제에 있어서, 시간과 관련된 유혹 및 다른 특별한 유혹들에 잘 넘어간 죄.

하나님의 일을 함에 있어서, 핍박을 당하거나 위험을 초래하거나 사람들의 존경을 받지 못하게 될까봐 두려워 떨며 머뭇거리고 요동한 죄.

다른 사람들의 질투나 질책이 두려워 의무를 이행하지 않으려 한 죄.

그리스도의 십자가와 그분의 영화로운 이름을 위해 당하는 고난을 높이 평가하지 않고, 오히려 고난과 자기 사랑 사이에서 오락가락한 죄.

하나님께서 그처럼 쓰라린 재난을 이 땅에 내리셨음에도 불구하고 우리의 영이 여전히 죽어 있는 죄.

우리 자신이나 이 나라가 범한 죄와 크나큰 패역을 보고 애통하기 위해 가족들과 혹은 가족들과 떨어져 혼자 금식하며 기도해야 하는데도 불구하고, 그 점을 의식조차

하지 못한 죄.

사람들이 당하는 굴욕을 우리 자신의 것으로 받아들이지 않은 죄.

주님께서 우리에게 겸비하여 자신을 낮추라고 하실 때, 쾌락을 구하기에 급급했던 죄.

다른 나라에서 하나님의 백성들이 힘겹게 당하고 있는 슬픈 고난, 그들 가운데서 예수 그리스도의 나라와 경건의 능력이 흥왕하지 못하는 것에 대해 괘념치 않은 죄.

교묘하고 약삭빠르게 위선을 자행한 죄.

실제의 우리 자신과는 다른 사람처럼 보이고 싶어한 죄.

하나님의 백성들이 실천한 것을 배우는 것보다 그들의 언어를 배우기 위해 더 많이 연구한 죄.

진정한 회개 없이 피상적으로 죄를 고백한 죄.

말로는 죄라고 하면서 실제로는 단호하게 그 죄를 슬퍼하며 회개하지 못한 죄.

분명히 잘못한 줄 아는 죄들에 대해서조차 자백하는 일

을 등한히 여긴 죄.

자신의 죄를 엄숙히 깨달았을 뿐 아니라 다시는 그 죄를 짓지 않겠다고 서약해 놓고도 실제로는 전혀 개선하지 않은 죄.

죄를 자백한 후에는 자신이 무죄한 것처럼 생각한 죄.

자신 안에 있는 결점을 고치기보다 오히려 다른 사람들 안에 있는 결점들을 찾아내서 비난하기에 급급했던 죄.

다른 사람들이 우리를 어떻게 평가하느냐에 따라 우리의 상태와 사는 방식을 평가한 죄.

어떤 사람을 평가할 때 그가 우리 견해에 동의하느냐 동의하지 않느냐에 따라 평가한 죄.

시험당하는 것을 두려워하지 않고 오히려 자신의 힘으로 그 시험을 통과하리라 자만했던 죄.

품위 있는 사람들이 타락하거나 멸망하는 것을 보고도 두려워하지 않음은 물론이요 그들을 위해 애통하며 기도해 주지 못한 죄.

하나님의 특별한 도우심이나 형벌이 임할 때, 그분의 영광을 위해 그리고 우리 자신과 다른 사람들을 세우기 위해 그것을 관찰하거나 자신을 개선하려 하지 않은 죄.

우리의 본성이 타락한 것에 대해 거의, 아니 전혀 애통해 하지 않은 죄.

모든 악의 쓴 뿌리요 사망의 몸이라 할 수 있는 육신 아래서 신음하면서도 그 육신으로부터 구원얻기를 갈망하지 않은 죄.

일상 생활 속에서 다른 사람들과 열매 없는 대화, 즉 바람직하지 못한 대화들을 나눈 죄.

복음의 사역자답지 않게 무익한 담화나 설교를 하면서 어리석게 시간을 낭비한 죄.

다른 사람들은 영적인 성과를 거두기 시작할 때 우리 손에서는 그것이 종종 죽어간 죄.

아주 사악하고 악의에 찬 자연인들과 세상적으로 친밀하게 지냄으로써, 그 사람들 마음을 더욱 강퍅하게 만들고, 하나님 백성들에게는 걸림돌이 되며, 자신은 영적으로 무뎌진 죄.

하나님보다 쾌락을 더 사랑함

함께 교제를 나누면 유익이 될 만한 사람들과의 교제를 소홀히 한 죄.

은혜가 충만하여 우리의 마음과 도덕성을 개선시켜 줄 수 있는 사람들과의 대화보다는, 재능이 많아 우리에게 유익을 줄 수 있는 사람들과의 대화를 더 원한 죄.

다른 사람들에게 선행 베풀 기회를 모색하지 않은 죄.

기도해야 할 때는 기도 대신 다른 의무들을 수행하고 다른 의무들을 수행해야 할 때는 그 의무 대신 기도한 죄.

너무 잦은 오락과 기분전환으로 시간을 남용하고 하나님보다 자신의 쾌락을 더 사랑한 죄.

목회자가 되기 위해 훈련받고 있는 청년들과 믿음의 대

화를 나누기 위해 거의, 아니 전혀 시간을 내지 않은 죄.

주일날 너무 평범하고 일상적인 대화를 나눈 죄.

자신이 돌보는 양떼 또는 다른 사람들이 신앙상의 충고나 훈계를 할 때 그것을 무시한 죄.

평신도들이 도움이 될 만한 견해나 경고를 제시할 때 그것을 받아들이기보다 오히려 수치스럽게 생각한 죄.

우리에게 스스럼없이 충고하거나 훈계 또는 질책하려는 사람들에 대해서는 싫어하거나 분한 마음을 품는 한편, 우리한테서 어떤 충고나 훈계도 달게 받으려는 사람들에게는 신실하게 충고하지 못한 죄.

반대 의견을 가진 사람들을 위해 기도해 주는 대신, 오히려 그들과 거리를 두고 멀리한 죄.

또 그들을 직접 찾아가서 말하거나 그들을 위해 하나님께 말씀드리는 대신, 다른 사람들한테 그들에 대해 말한 죄.

다른 사람들의 결점이나 실책을 보고 염려하고 걱정해

주는 대신, 오히려 그것을 이용해 우리 자신을 정당화한 죄.

다른 사람의 잘못을 보고 불쌍히 여기는 대신, 오히려 그 결점에 대해 말하며 비웃은 죄.

자기 가족이 그리스도 안에서 규모 있는 삶을 살도록 부지런히 살피지 못한 것과, 그들이 교회나 사회에서 다른 가족들에게 모범이 될 수 있도록 정진시키지 못한 죄.

가족이나 다른 사람들과의 대화에서 발끈하며 격한 감정을 나타낸 죄.

탐심, 세속적인 마음, 이생의 것들을 부당하게 사모한 욕심, 또 소명받은 의무들을 소홀히 한 채 대부분의 시간을 세상 일에 사로잡혀 산 죄.

그리스도의 지체들을 공궤하며 돌보는 일에 인색한 죄.

독실한 그리스도인들의 덕을 기리며 마음에 새기는 대신, 오히려 그것을 두려워하며 경건한 하나님의 백성들을 증오하고 그들 가운데서 역사하시는 성령의 사역을 끌어내리고 소멸시키려 한 죄.

자신의 능력을 신뢰함

목회를 처음 시작할 때에 가졌던 열심과 기백이 점점 사라지는 죄.

사역에 필요한 독서나 다른 준비들을 아주 등한히 하는 죄.

또 설령 준비한다 해도 책을 우상화하여 하나님과의 친밀한 교제를 방해하는, 문자적이며 탁상 공론에 지나지 않는 준비만 한 죄.

하나님께서 과거에도 도와주셨으니 이번에도 도와주시려니 생각하고 기도를 거의 하지 않는 죄.

자신의 은사나 재능 및 수고 등을 신뢰하여, 이만큼 준비했으니 하나님께서 틀림없이 훌륭한 설교를 조리있게 할 수 있게 해주실 거라고 자만한 죄.

성령 안에서 능력 있게 설교하려면 그리스도를 의지하고 그분을 닮아가도록 노력해야 하는데 그 점을 게을리 한 죄.

도우심을 청하며 기도드릴 때, 우리가 전할 메시지 자체보다는 메신저를 위해 더 많이 기도한 죄. 즉, 어느 정도 도우심을 입어 그 일을 해내기만 하면 되지, 하나님의 말씀이야 어떻게 전해지든 상관없다는 듯이 기도한 죄.

자신이 외친 그 메시지로 인해 하나님의 백성들이 소생할 수 있게 해달라고 기도드리지 않은 죄.

하나님의 말씀을 설교한 후 기도를 등한히 한 죄.

설교할 때, 세상 일에 너무 빠져 있는 사람들에 대한 경고를 소홀히 한 죄.

또 사람들이 사업상의 일이나 거래에 대해 너무 자주 또는 너무 많이 말하지 않도록 경고하는 일을 게을리 한 죄.

목사가 가장 열심히 연구하고 설교해야 할 주제는 바로

예수 그리스도와 그분으로 인해 맺어진 새 언약의 탁월성과 유용성(그리고 그것이 관심의 대상이 되어야 할 필요성)임에도 불구하고, 그에 대해 설교하는 일을 지나치게 등한히 할 뿐 아니라 설령 설교한다 해도 제대로 하지 못한 죄.

그리스도에 대해 설교할 때, 체험적 지식이나 그분으로부터 직접 받은 감명에 근거해서 설교하기보다, 오히려 남들한테 전해 들은 말에 근거해서 설교한 죄.

대부분의 목사들이 너무 율법적으로 설교하는 한편, 복음을 설교할 때도 진지성이 결여되어 있는 죄.

멋있고 새로운 것만 계속 찾다가 목사로서 해야 할 본연의 의무들 중 많은 부분을 등한히 한 죄.

그리스도를 복음에 나온 대로 단순하게 설교하지 않을 뿐 아니라, 그리스도를 위해 그 백성을 섬기지 않는 죄.

사람들로 하여금 그리스도를 알게 하기 위해 설교하는 게 아니라 자신이 그리스도에 대해 많이 알고 있는 것을 자랑하기 위해 설교하는 죄.

그리스도께서 이 세상을 떠나신 것에 대해 설교할 때, 찢어지는 듯이 아픈 마음으로 설교하는 것도 아니요, 그렇다고 해서 그분께 매달리고 싶은 열정에 사로잡혀 설교하지도 않는 죄.

멸망의 위기에 처해 있는 사람들에게 설교할 때 전혀 불쌍히 여기지 않고 설교하는 죄.

일반인들이 저지르는 죄에 대해 설교할 때, 영혼들을 그 죄로부터 건지기 위한 목적에서 설교해야 함에도 불구하고, 오히려 이런 악 중 어떤 것에 대해 말하는 것이 우리에게 유리하기 때문에 설교한 죄.

반대자들에 대한 태도

악의에 찬 사람들, 파벌주의자들, 중상모략자들에 대해 반대할 때 열심과 성의를 가지고 말하는 대신, 분한 마음에 신실치 못하게 말한 죄.

그들의 영혼이 어떤 상태에 있는지 잘 알아야 그것에 근거해서 말할 수 있음에도 불구하고, 그 점에 대해 알려고 노력하지 않은 죄.

또 그 영혼이 처한 상태에 대해 기록해 두는 것이 유용하다는 사실을 알면서도 그렇게 하지 않은 죄.

설교 본문을 택할 때 사람들에게 가장 유익이 될 뿐 아니라 그들을 세워줄 수 있는 본문을 신중하게 택하지 못한 죄.

그리고 그 본문을 각 영혼의 상태에 맞게 적용시킬 줄 아는 지혜가 부족한 죄.

그들이 그 본문에서 가르치는 교리를 발견할 수 있을 만큼 본문의 요점을 정확히 전하지 못하는 죄.

설교 본문을 택할 때, 그 말씀을 들을 영혼들의 상태와 때에 맞는 본문을 고르는 대신, 우리가 말하고 싶은 점이 있는 본문을 고르는 죄.

새로 연구하는 수고를 피하기 위해 똑같은 것을 자주 설교하는 죄.

말씀을 읽고 설교하며 기도하되, 이런 의무를 수행하느라 오히려 하나님으로부터 멀어지는 죄.

자신의 의무로부터 해방되는 것을 아주 좋아하고, 이것이 양심에 찔리면 이런저런 핑계를 대며 양심을 무마시키는 죄.

육신에 빠져 너무 많은 시간을 게으르게 허비하는 죄.

사람들로부터 인정받고 박수 갈채 받는 것에 너무 신경을 쓰며, 그것을 얻으면 기뻐하고 그것을 얻지 못하면 불만스러워하는 죄.

사람들이 아무 경고도 받지 못한 채 죄에 사로잡혀 죽어가는 것을 뻔히 보면서도 하나님의 말씀을 담대히 전하지 못하는 죄.

하나님께 인정받는 사람이 되기보다는 사람들로부터 비난이나 책망을 받지 않기 위해 의무에서 벗어나려고 애

쓰는 죄.

하나님의 모든 권고를 그의 백성에게 다 가르치지 못하는 죄.

특히 사람들이 주께 충성하기보다 주를 배반하는 이 때에, 하나님의 말씀을 증거하지 못하는 죄.

우리 자신의 가르침이나 다른 사람들의 가르침으로부터 유익을 얻기 위해 연구하지 않는 죄.

사람들에게 메시지를 전할 때 마치 그 메시지가 우리에게는 해당되지 않는 것처럼 자주 설교하는 죄.

죄인들의 회심을 기뻐하지 않고, 우리 마음에 흡족할 만큼 주의 백성들 가운데서 주의 일이 흥왕하지 않음에도 불구하고 만족하며 지내는 죄.

주의 백성들이 영적으로 더 성장하게 되면 우리가 그만큼 일을 더 많이 해야 하며 또 사람들이 우리를 덜 존경하게 될까봐 두려워하는 죄.

설교와 실생활에서 경건의 능력을 끌어내리는 죄.

하나님 앞에서 하듯 설교하지 않고 사람들에게 하듯 설교하는 죄.

자신이 인정받고 싶은 사람들에게 설교할 때는 다른 사람들에게 할 때보다 준비를 더 많이 하는 죄.

병든 자들 방문하는 일을 소홀히 하고 태만히 하며, 설령 방문한다 해도 편파적으로 방문하는 죄. 즉, 가난한 사람이면 한번 심방할 것을 부유하고 중요한 사람이면 자주 심방하는 죄.

게다가 가난한 사람은 그쪽에서 오라고 해야 가지만 부유하고 중요한 사람은 오라고 하지 않아도 심방하는 죄.

학자의 혀로 아프고 지친 사람에게 꼭 맞는 말을 해주는 법을 몰라 쩔쩔 매는 죄.

문답식으로 교리 가르치는 일을 게을리 하고 태만히 하는 죄.

그것은 늘 하는 일인데다 또 별로 어려운 일도 아니라는 생각에서 가르치기 전에 마음의 준비도 하지 않을 뿐더러 그 사역 위에 하나님의 축복이 임할 것을 위해 간절히 구하지도 않는 죄.

이로 인해 사람들이 우리 주님의 이름을 헛되이 받아들여 별 도움을 받지 못하게 하는 죄.

교리 문답 가르치는 일은 목회자가 할 일이 아니라고 경시하여, 주의 백성들에게 그것을 가르치기는 하되 그들이 유익을 얻을 수 있도록 잘 가르치려고 노력하지 않는 죄.

교리 문답을 가르치되 편파적으로 가르치는 죄. 즉, 상류층에 속한 부유한 사람들 중에도 교리 문답을 배워야 할 사람들이 많은데 그냥 눈감아 주는 한편, 인내심을 가지고 자상하게 대해 주어야 할 무지한 사람들은 엄하게 책망하는 죄.

이상은 진지하고 엄숙한 자백이다. 자신이 시작한 사역의 성격이 무엇인지 알고, 또 자기를 불러 주신 하나님게 인정받기를 원하는, 그래서 마지막 날 근심하는 대신 기뻐 뛰며 자신이 한 일을 하나님께 고할 수 있기를 원하는 사람들의 진지한 고백이다.

우리 자신의 잘못들을 자백함

지금까지 선배 목회자들의 고백을 들었으니 이제부터는 우리 자신을 정직하게 살펴보도록 하자. 우리의 자백 또한 그들의 자백만큼이나 철저하고 방대한 것이어야 한다.

1. 그동안 신실하지 못했다

사람들을 무서워함과 동시에 그들로부터 칭찬받고 싶은 욕망 때문에 종종 두려워한 죄.

그동안 우리 자신의 영혼, 우리가 돌보는 양떼들, 우리 형제들에게 신실하지 못한 죄.

또 설교, 심방, 징계, 교회의 제반 업무에서도 신실하지 못했던 죄. 우리는 청지기로서 우리의 의무 하나하나를 이행할 때마다 아주 신실치 못했다.

어떤 죄를 특별히 지목해서 책망하기보다 간접적으로 운만 띄우면서 책망한 죄.

담대하게 책망하기보다 우물쭈물하면서 암시만 주는 정도에 그친 죄.

또 잘못한 것에 대해 단호히 정죄하는 대신, 그렇게 하면 안 된다는 식으로 유약하게 반대 의사만 표명한 죄.

변함없이 꿋꿋하게 거룩한 삶을 삶으로써 이 세상에 대해 항거하고 이 세상의 죄를 꾸짖어야 하는데, 그렇게 하는 대신 우리의 대화나 행동 및 일상 생활 속에서의 처신이 상당히 신실하지 못했던 죄.

이처럼 주중에 신중하게 살지 못했기 때문에, 주일날 어느 정도의 신실함을 보여 준다 해도 그것이 별 효과를 나타내지 못한 죄.

어셔 대주교가 보여 준 모범

일찍이 아마Armagh의 대주교 어셔Ussher만큼 하나님께 철저히 헌신하고 분주하게 산 사람도 아마 없을 것이다.

그는 학문 연구, 늘 일하는 습관, 사회적 지위, 친구들, 이 모든 것 때문에 늘 바빴다. 그런데도 항상 "세월을 아끼라 때가 악하니라"엡 5:16는 소리를 들으며 사는 사람처럼 살았다.

10살 때, 로마서 12:1의 "그러므로 형제들아 내가 하나님의 모든 자비하심으로 너희를 권하노니 너희 몸을 하나님이 기뻐하시는 거룩한 산 제사로 드리라"는 말씀의 설교를 듣고 회심했다는 그는 그 후로 이것을 실천하는 삶을 살기 시작했다. 그는 정말 55년 동안 수고를 아끼지 않고 하나님의 말씀을 전파한 성실한 설교자였다.

그런데 그가 임종할 때 뭐라고 말했는지 아는가? 그 말을 들으면 그가 그리스도의 의를 얼마나 꼭 붙들고 있었는지 알 수 있다. 즉, 그처럼 헌신적인 삶을 살았음에도 불구하고 자기 안에서는 오직 죄와 부족함만 보았다.

그가 오후 1시경 임종하면서 마지막으로 한 말은 "그러나 주님, 특히 저의 태만죄를 용서해 주소서."라는 말이었다고 한다. 그가 마지막 숨을 거두면서 주님께 간절히 용서를 구한 죄는 바로 태만죄였다고 그의 전기를 쓴 작가는 기록하고 있다. 한 시간도 태만히 보내지 않고 짜투리 시간마저 모두 다 주인 되신 그리스도만을 위해 사용했던 사람, 그런 사람이 자신의 태만죄를 용서해 달라고 눈물을 흘리며 간구한 것이다.

그는 임종한 바로 그 날도 책을 쓰다 말고 일어나 한 병든 여인을 심방했다고 한다. 그녀에게 천국에 대해 말해 주었는데 얼마나 적절하고 충분하게 설명하던지, 마치 거기 오기 전에 천국에 대해 말하다 온 사람 같았다고 한다. 그런데 그런 사람이 자신이 태만했다는 의식 때문에 괴로워하다니!

독자들이여, 우리는 자신에 대해 어떻게 생각하고 있

는가? 수행하지 않은 의무들, 활용하지 않은 시간들, 빼먹은 기도 시간, 기분 나쁜 일은 자신이 하지 않고 남에게 떠맡긴 것, 다른 사람들의 영혼을 위해 전심으로 수고하는 대신, 포도나무와 무화과나무 아래 편안히 앉아 있었던 것, 이런 것들에 대해 어떻게 생각하는가? "주여, 특별히 저의 태만죄를 용서해 주소서!"라고 간구해야 마땅하지 않을까?

여기서 조나단 에드워즈가 개인적인 일, 자신의 목회 사역과 관련하여 자백한 죄들에 대해 들어 보도록 하자.

나는 자신이 죄인이요 더럽다는 생각 때문에 슬퍼서 종종 큰소리로 흐느껴 운다. 어떤 때는 혼자 방에 틀어박혀 아주 오랫동안 울 때도 많다. 또 나 자신이 몹시 패역하고 악하다는 생각에 강하게 사로잡히곤 하는데, 회심 전에는 전혀 느껴 보지 못했던 아주 강렬한 죄의식이다. 나는 나의 모든 생각과 상상을 초월할 정도로 악하기 때문에 감히 입 밖에 내어 말할 수도 없을 정도다. 그래서 나의 죄가 무한히 쌓이고 무한히 증가하는 것처럼 보인다고 말하는 것 외에 달리 표현할 길이 없다.

내 가슴속을 들여다보며 나 자신의 악함을 생각할 때면 그것이 마치 지옥보다 훨씬 더 깊은, 끝이 안 보일 만큼 그렇게 무한히 깊은 심연처럼 느껴진다.

그런데 나 자신의 죄에 대한 깨달음은 지극히 미미하고 아주 희미할 뿐이다. 아니 더 이상 죄의식을 갖고 있지 않을 정도니 얼마나 기가 막힌 일인가! 그래서 요즈음에는 통회하는 심령이 되어 하나님 앞에 겸손히 엎드릴 수 있게 되기를 간절히 소원하고 있다.

세속적인 마음이 양심을 저해함

2. 그동안 육적이요 비영적이었다[1]

그동안 우리의 생활양식은 너무 천박하고 세상적이었

다. 세상과 짝해서 살다 보니 아예 세상 방식이 더 편하게 느껴지는 단계에까지 이르게 되었다.

이로 인해 우리의 기호가 오염되고, 우리의 양심이 무뎌졌으며, 민감하고 부드럽던 감성, 고난은 기꺼이 감수하지만 죄에는 아예 얼씬도 하지 않으려던 그 부드러운 감성이 점점 둔해지더니 결국에는 아주 냉담한 상태로까지 굳어지고 말았다. 이것은 우리가 영적으로 민감해 있을 때는 상상도 할 수 없던 일이다.

전에는 천국 기준에 따라 우리의 견해나 목적이 결정되었는데, 그때와 지금 현재의 상태를 비교해 보면 우리가 그동안 얼마나 많이 변했는지, 그 엄청난 변화를 보고 마음이 아플 뿐 아니라 놀라움을 금치 못할 것이다.

---

1. "유용한 그릇이 되지 못하는 이유는 우리에게 어떤 선천적 능력이 부족해서라기보다 오히려 우리의 영성이 결여되어 있기 때문인 경우가 훨씬 더 많다." – Fuller. "주의 일을 하는 데는 영성이 가장 중요한 자격이라고 나는 생각한다." – Urquhart.

우리의 영성이 이처럼 무너져 내리게 된 데는 세상과 짝하여 지낸 것 외에 다른 요인들도 있다. 우리는 진리를 연구하되, 경건을 위한 목적보다는 교리 연구에 더 치중함으로써 새롭고 참신한 진리의 능력을 맛보지 못했다. 매일 매시간 사역하다 보니 그만 판에 박힌 일처럼 되어 형식에 치우치게 되고 결국 기계적으로 일하게 되었다.

우리가 하는 일 중 가장 엄숙한 일들, 가령 영혼들을 개인적으로 만나 영생에 관해 말하는 것, 하나님의 백성들이 모였을 때 묵상과 예배로 인도하는 것, 성례전을 집행하는 것 등을 계속하되, 기도를 거의 하지 않음은 물론이요 믿음도 없이 그 일을 계속함으로써 항상 우리를 지배하고 가득 채워야 할 깊은 경외심과 경건한 두려움이 많이 없어진 경향이 있다.

"나는 육신에 속하여 죄 아래 팔렸도다" 롬 7:14라고 사도 바울은 부르짖었는데, 우리에게도 꼭 맞는 말이다.

세상이 우리에 대해 십자가에 못박히지 않았으며 우리

또한 세상에 대해 십자가에 못박히지 않았다. 우리의 육신과 육신의 지체들이 죽지 않고 살아 있다. 이 모든 것이 평안과 은혜 안에서의 우리 영혼의 성장을 방해함은 물론이요, 우리 사역의 성공에도 막대한 지장을 초래하고 있으니 얼마나 서글픈 일인가!

3. 그동안 이기적이었다

우리는 그동안 자신의 생명을 너무 소중히 생각하고 일시적 편안과 안락을 너무 중시한 나머지, 어려움이나 수고나 고난을 참고 견디는 일 등은 가급적 피해 왔다. 또 "우리 각 사람이 이웃을 기쁘게 하되 선을 이루고 덕을 세우도록 할지니라"는 로마서 15:2 말씀에 순종하는 대신 우리 자신을 기쁘게 하는 데만 급급해 왔다. "너희가 짐을 서로 지라 그리하여 그리스도의 법을 성취하라" 갈 6:2는 말씀을 따르기는커녕 오히려 아주 세상적이요 탐욕적인 생활을 해왔다. 우리 자신, 우리의 삶, 우리의 자산, 우리의 시간, 우리의 힘과 재능, 이 모든 것을 하나님 제단에 "산 제물"로 바치지 않았다.

사실 평신도도 아니요 사역자인 우리는 이처럼 자기 희생이라는 원리에 따라 살아야 할 소명을 갖고 있다. 그럼에도 불구하고 우리 모두 이 원리를 새까맣게 잊어버린 것 같다.

아무튼 우리는 그동안 희생이라는 개념을 거의 갖고 있지 않았다. 아니 희생이 요구되는 지점까지는 기꺼이 갔을지 모르나 거기서 서 버렸다. 거기서 더 나아가는 것은, 즉 진짜 희생하는 것은 불필요한 일이요 경솔하고 현명치 못한 짓이라고 생각하고 그 자리에서 멈춘 것이다.

그러나 모든 그리스도인, 특히 모든 사역자는 "자신을 기쁘게 하지 않으신" 주님처럼 자기 희생과 자기 부인의 삶을 살게 되어 있다. 그렇지 않은가?

4. 그동안 나태했다

우리는 힘써 일하지 않았다. 예수 그리스도의 선한 군사로서 어려움을 참고 견디지 않았다. 때를 얻든 못 얻든 사람들에게 말씀을 전하고 가르치며 경책하고 경계하며 권고했어야 했는데 그렇게 하지 않았다. 일분 일초도 아껴 써야만 했는데 그렇게 하지 않았다.

금쪽같이 귀한 시간들을 빈둥거리며 보내거나 이런저런 교제와 쾌락 추구에, 또는 할 일 없이 이 책 저 책을 뒤적거리며 보냈다. 그 시간에 골방에서 기도하거나, 연구하거나, 말씀을 선포하거나, 유익한 모임에 참석할 수도 있었는데 말이다.

그동안 게으름과 방종, 수시로 변하는 마음, 육신을 기쁘게 하는 일 등이 마치 암처럼 우리의 사역을 좀먹어 들어가 결국 성공하지 못하게 만들었다.

또 "내 이름을 위하여 견디고 게으르지 아니한 것을 아노라"계 2:3는 주님의 말씀이 우리에게는 전혀 해당되지 않는다. 왜냐하면 우리는 그동안 게을렀기 때문이다. 아니 적어도 "낙심하여" 선을 행치 않았다. 그동안 우리의 일을 성심껏 수행하지도 않았으며, 안수받을 때 서원한 대로 교회에 충성을 다하지도 않았다. 하나님의 종이라 고백하는 우리가 이처럼 하나님을 속여 왔다.

목자인 우리는 자기에게 맡겨진 양떼들을 자기를 부인하는 끊임없는 사랑으로 보살폈어야 했는데, 그렇게 하지 못했다. 또 양떼들을 배불리 먹이기보다 우리 자신의 배를 채웠다.[2]

5. 그동안 냉담했다

또 부지런히 일할 때는 열기가 얼마나 부족한지! 심혈을 기울여 일하지 않기 때문에 판에 박힌 일을 형식적으로 하듯 냉랭한 분위기가 감돌 때가 많다.

또 열성을 가진 사람처럼 행동하거나 말하지 않는다. 그래서 건전하고 진실한 말을 할 때조차 그 말에 힘이 없고, 아주 무게 있는 말을 하면서도 그 표정은 무관심하다. 그것을 나타내지 않으려고 아무리 표정이나 말을 가장해도 그 어조를 들어보면 무관심이 여실히 드러난다.

사랑, 깊은 사랑, 죽음처럼 강한 사랑, 예레미야가 이스라엘 백성들의 교만 때문에 슬피 울어야 했던 그런 사랑이 결여되어 있다. 설교하고, 심방하고, 상담하고, 책망할 때도 온화한 사랑 없이 얼마나 냉담하게 형식적으로 사람들을 대하는지 모른다.

---

2. 다음의 글은 리처드 백스터가 그를 보고 게으르다며 비난하는 대적들에게 답변한 글인데, 여기 보면 그가 평소에 행하던 사역들이 열거되어 있다.
"내가 여러분에게 바랄 수 있는 최악의 것이 있다면 그건 여러분이 나처럼 편안히 쉴 시간을 거의 갖지 못하는 것입니다. 물론 나는 모든 성도 중 가장 말단에 있는 자입니다. 그러나 나를 비난하는 자들에게 이 말만은 꼭 해야 할 것 같습니다. 물론 지금의 내 자리를 어떤 왕자의 자리와도 바꿀 의향이 없지만 아무튼 내가 하고 있는 수고에 비하면 이 도시에 사는 대부분의 상인들이 하는 일은 그래도 편안한 일입니다. 그들은 그 수고로 건강을 보존하지만 나는 이 수고로 건강을 다 해칩니다. 또 그들은 편하고 쉽게 일할 수 있으나 나는 계속 고통 가운데서 일해야 합니다. 그들은 몇 시간이나 며칠씩 휴식을 취할 수 있지만 내게는 먹고 마실 시간도 없습니다. 게다가 그들의 수고에 대해서는 아무도 괴롭히는 사람이 없지만 나는 수고하면 할수록 사람들의 미움을 받아 곤경에 빠집니다."
바로 이것이 "자신의 모든 것이 다 소비될 때까지 심혈을 기울인다"는 것으로 우리가 본받아야 할 모범이다.

로랜드 힐이 말한 것처럼 "나의 온 마음과 영혼을 쏟아 멸망해 가는 수많은 사람들에게 그리스도의 영광의 복음을 전할 수 있다면 얼마나 좋을까!"

진리를 있는 그대로 말하기를 두려워함

6. 그동안 소심했다

진리를 전할 때도 담대하게 전하면 사람들한테 미움과 비난을 받게 될까봐 그 진리를 부드럽게 약화시키거나 일반화시켜서 전할 때는 또 얼마나 많았는가! 그래서 결국 하나님 백성에게 하나님의 온전한 지혜를 선포하지 못한 적이 많았다. 우리는 오래 참으며 바른 교훈을 가지고 사람들을 책망하고 권고하는 일을 잘 하려 들지 않는다.

또 친구들로부터 소외되거나 원수들로부터 저주받는 것이 두려워 율법에 관해 약하게 설교하고 제약을 받으며, 그로 인해 하나님이 값없이 주시는 복음에 관한 설교 역시 아주 애매 모호하고 소심하게 선포한 적이 얼마나 많았던가!

특히 루터나 칼빈, 녹스나 다른 종교개혁자들의 특징인 담대하고 고상한 기백이 우리에게는 얼마나 부족한지 모른다. 루터는 하는 말마다 "뇌성 번개가 치는 것 같았다."고 한다.

7. 그동안 진지함이 결여되어 있었다

호우Howe라든가 백스터, 브레이너드, 에드워즈와 같은 사람들의 삶에 관한 글을 읽을 때, 우리는 사실 그 진지한 태도와 위엄 있는 행실이 사도의 반열에 들 만한 사람들과 교제를 나누고 있는 셈이다. 그래서 이 사람들은 그 언행으로 정말 큰 영향을 미쳤음에 틀림없을 거라는 생각을 하게 된다. 그리고 그들에게서는 하나님과 동행하는 사람들로부터 나오는 진지한 분위기가 풍기는 반면 우리는 그렇지 못하다는 사실을 깨닫게 된다.

그들에 비하면 우리는 얼마나 가볍고 경솔하며, 허망하게 웃고 떠들며, 어리석은 말이나 농담을 즐기는지 모른다. 그로 인해 결국 영혼들은 막대한 피해를 입고, 성도들은 그 성장이 늦어지며, 이 세상은 비참한 허망 속에 그대로 남아 있게 된다.

그리스도 대신 우리 자신을 전파함

8. 그동안 그리스도 대신 우리 자신을 전파해 왔다

그동안 사람들의 존경과 박수 갈채를 받고 명성을 얻으려고 얼마나 안달했던가! 또 설교하면서 그리스도를 높이기보다 우리 자신을 높이기 일쑤였으며, 그로 인해 사람들이 그리스도와 그리스도의 십자가를 바라보는 대신 우리를 바라보았다.

사실 그동안 우리 자신의 영예를 위해 그리스도를 설교

하지 않았는가? 이 땅에 강림하사 고난당하신 그리스도, 영광 중에 재림하실 그리스도, 이 그리스도가 우리 설교의 처음이요 마지막이 되어야 하는데 그렇지 못했다.

9. 그동안 말의 지혜를 사용해 왔다

바울은 그리스도의 십자가가 헛되지 않게 하려고 말의 지혜로 설교하지 않겠다고 결심했는데, 우리는 바울의 이 결심을 잊어버렸다. 말의 지혜로 설교하지 않으려는 바울의 결심과는 정반대로, 마치 조리 있고 세련된 설교로 십자가를 아름답게 꾸미면, 인간의 육적인 눈에 십자가가 더 이상 혐오스럽게 보이지 않고 불가항력적일 만큼 매력적으로 보이기라도 하는 듯이 설교해 왔다.

이렇게 해서 사람들로 하여금 우리의 웅변적 설교에 감동되거나 우리의 호소에 마음이 동하거나 우리의 주장에 설득되어, 자기 믿음도 꽤 괜찮다고 생각하며 흡족해서 돌아가게 만들었다. 이런 식으로 우리는 그동안 그리스도의 십자가를 헛되게 만들었을 뿐 아니라, 영혼들은 영혼들대로 거짓말을 진짜인 줄 믿고 지옥으로 가게 만들었다.

우리는 이처럼 십자가의 거슬림과 전도의 미련한 것을 전하지 않음으로써, 그동안 헛수고를 했으며 하나님의 축복을 받지 못하는 열매 없는 사역을 한 데 대해 애통해 해야 할 판이다.

10. 그동안 하나님께서 값없이 주시는 복음을 충분히 설교하지 않았다

또 사람들이 우리 설교를 듣고 방종할까 두려워 그동안 복음을 너무 값없이 만들지 않으려고 애써 왔다. 복음을 너무 값없이 설교하는 것은 아닐까, 너무 값없는 복음을 설교하면 그로 인해 사람들이 죄를 더 짓지 않을까 두려워했다. 실은 값없이 은혜로 주시는 하나님의 복음만이 인간에게 진정한 평안을 가져다 주며 인간을 정말 거룩하게 만드는 것인데도 말이다.

루터의 설교를 요약하면 "우리는 오직 믿음으로 의롭다 여김을 받게 되며, 우리가 의롭게 됨을 확신해야 한다."는 것이다. 루터는 그의 형제 브렌티우스Brentius에게도 바로 이 두 가지를 설교하라고 촉구했다.

루터의 사역에 그처럼 많은 축복이 임한 이유도 바로 인간의 선행이나 공로 또는 인간의 주장이나 조건에 구애받지 않고, 값없이 거저 주시는 하나님의 영광의 복음을 담대히 온전하게 설교했기 때문이다. 그는 겸손을 가장한 의심이나 두려움이나 불확실함 없이 담대히 이 복음을 전했는데, 우리도 이렇게 복음을 전해야 한다.

그리고 이와 관련하여 꼭 필요한 게 있다면 그건 그 죄인이 즉시 하나님께로 돌아서야 한다는 사실에 대한 강조와, 그 죄인에게 즉시 그 마음을 그리스도께 순복시키라고 주님의 이름으로 요구하는 것이다.

이런 갑작스러운 회심을 이상하게 볼 뿐 아니라 별로

좋아하지 않는 목사들도 있지만, 사실 이런 회심이야말로 가장 성경적인 회심이라 할 수 있다.

하나님의 말씀에 대한 강조가 너무 적음

11. 그동안 말씀의 사역자답게 하나님의 말씀을 연구하지도, 존중하지도 않았다

우리는 하나님의 말씀을 연구하기보다 인간의 저서와 견해 및 인간적 연구 체계를 훨씬 더 중시했으며, 하나님으로부터 흘러나오는 생수를 마시기보다 인간에게서 나오는 혼탁한 물을 더 많이 마셨다.

또 하나님보다 인간과 더 많은 교제를 나눔으로 인해, 우리의 정신이나 생활 방식이나 언행 심사가 하나님보다는 인간의 영향을 더 많이 받았다.

따라서 우리는 성경을 더욱더 연구할 필요가 있으며, 우리 영혼이 성경 속에 깊이 침잠하도록 만들어야 한다.

우리 안에 성경 말씀을 비축해 둘 뿐 아니라 우리의 전영혼 속에 그것이 스며들게 해야 한다.

12. 그동안 기도의 사람이 되지 못했다

그동안 기도의 영이 우리 가운데서 잠자고 있었다. 골방에 들어가 기도하는 일이 너무도 적었다. 아니, 골방에 들어가는 것조차 기뻐하지 않았다. 또한 무슨 일이 생기거나 연구해야 할 일이 있으면, 기도하는 대신 그것부터 했다. 골방에 들어가 기도할 때도 교회나 나라의 들뜬 분위기를 그대로 갖고 들어감으로써 하나님과 오붓하고 복되고 조용한 시간을 누리지 못했다.

잠자랴, 사람들과 교제하랴, 한가하게 방문하랴, 어리석은 농담이나 잡담하랴, 끄적거리며 독서하랴, 아무 유익도 되지 않는 일 하랴, 그래서 결국 기도로 유익하게 보낼 수도 있었던 많은 시간들을 허비하고 말았다.

다른 시간은 있지만 기도할 시간은 없음

왜 기도할 시간을 내는 데는 그렇게 무심한지? 하루 일정을 잡으면서 기도할 시간은 왜 미리 떼어 놓지 않는 건지? 말은 그렇게 많이 하면서 기도는 왜 그렇게 조금 하는지? 또 그토록 분주히 돌아다니면서 기도는 왜 그렇게 조금 하는지? 그처럼 바쁘게 일하면서 기도는 왜 그렇게 조금 하는지? 동료들은 그렇게 자주 만나면서 하나님은 왜 그렇게 잠깐 만나는지? 하나님의 자녀로서 하나님과 생전 떨어지지 않을 것처럼 단 둘이 교제를 나누며 아주 달콤하고 평온한 시간을 보낼 수 있는데, 왜 그런 시간을 갈급해 하지 않는지?

우리가 은혜 가운데 성장하지 못할 뿐 아니라 그리스도의 교회에서 무익한 지체가 됨으로써 우리의 삶을 무익하게 만드는 이유도 바로 하나님과 단 둘이서만 있는 이런 고독한 시간의 부족 때문이다.

은혜 안에서 성장하려면 지금보다 훨씬 더 많이 **홀로** 있어야 한다. 영혼의 가장 신속하고 활발한 성장은 사람들과의 교제를 통해 이루어지는 게 아니다. 그것은 심지어 그리스도인들과 교제한다고 해서 이루어지는 것도 아니다. 사람들과 여러 날 교제를 나누는 것보다 단 한 시간이라도 조용히 기도하면, 그때 영혼이 더 성장한다.

이슬 방울은 사막에서 가장 신선하고 공기 또한 사막에서 가장 깨끗하듯이, 우리 영혼도 주변에 하나님 외에 아무것도 없을 때 비로소 가장 순수해진다. 유독한 인간의 숨결이 전혀 섞이지 않은 사막의 공기처럼 하나님의 임재가 그 영혼을 감싸고 스며들 때, 비로소 영혼의 눈은 영원한 것들을 분명하고 확실하게 볼 수 있으며, 영혼이 놀라운 능력과 힘을 얻게 되는 것도 바로 그때다.

그리고 이렇게 될 때 비로소 우리는 다른 사람들에게 진실로 유용한 사람이 될 수 있다. 하나님과 나눈 친밀한 교제로 우리의 영혼이 새롭게 되었을 때, 비로소 하나님의 일도 잘 수행할 수 있다.

골방에서 하나님과 함께 있을 때 질그릇인 우리 영혼이 하나님의 축복으로 가득 차기 때문에, 거기서 나오면 그것을 혼자 간직하지 못하고 가는 곳마다 쏟아 붓게 된다.

그러나 우리는 이사야처럼 "주여 내가 낮에 늘 망대에 섰었고 밤이 사수하는 곳에 있었더니"사 21:8라고 말할 수 없는 실정이다. 왜냐하면 그동안 우리는 해산하는 고통 가운데 하나님의 음성을 기다리는 삶을 살지 않았기 때문이다.

사실 우리 영혼은 그동안 "여호와여 말씀하옵소서 주의 종이 듣겠나이다"삼상 3:9 하는 자세로 살지 못했다. 그리고 그것이 우리의 삶을 지배하는 원리도 되지 못했다. 우리 자신의 삶이나 목회 사역을 돌아볼 때, 하나님과 친밀한 교제를 나누며, 하나님을 기다리고, 하나님 안에서 안식한 경우는 아주 드물었다. 즉, 그것이 우리 삶의 특징이 되지 못했다.

그래서 우리는 강력한 본보기가 되지 못했으며, 아무리 수고해도 성공을 거두지 못했으며, 형편없는 설교를 했다. 그로 인해 결국 우리의 전사역이 열매 없는 약한 사역이 되고 말았다.

성령의 능력을 구하지 않음

13. 그동안 하나님의 성령을 존중하지 않았다

우리는 그동안 우리가 하나님의 대리자라는 사실을 말로는 인정했을지 모르나 실제로는 그렇지 못했다. 하나님께 그 이름에 합당한 영광을 돌려 드리지 못했을 뿐 아니라, 하나님의 가르치심과 기름 부음도 구하지 않았다.

성경은 우리에게 "너희는 거룩하신 자에게서 기름 부음을 받고 모든 것을 아느니라"요일 2:20고 분명히 말씀하고 있는데, 우리는 말씀을 연구할 때나 그 연구한 말씀을 다른 사람들에게 설교할 때나, 진리를 밝히 보여 주시며 우리의 이해를 도우실 뿐 아니라 또한 그리스도를 증거하고 영화롭게 하시는 성령의 직임을 인정하지 않았다.

영화로운 삼위일체의 제삼위이신 성령님께 마땅히 돌려 드려야 할 영광을 돌려 드리지 않음으로써 그동안 성령을 근심시켜 드렸다. 그리고 또 우리를 가르치시고, 확신시켜 주시며, 위로하시고, 성화시키시는 성령의 직임을 경시함으로써 그분을 근심시켜 드렸다. 이로 말미암아 성령이 우리를 거의 떠나셨고 우리는 우리가 뿌린 불신과 완악함의 열매를 거두게 되었다.

뿐만 아니라 하나님과 꾸준히 동행하지 못함으로, 신중함의 결여로, 세속적인 마음과 거룩하지 못함으로, 기도하지 않음과 신실치 못함으로, 진지함과 엄숙함의 결여로, 그리스도의 제자나 대사답지 않은 삶을 살고 그런 대화를 함으로 성령을 근심시켜 드렸다.

한 연로한 스코틀랜드 목사는 자신에 대해 이렇게 쓰고 있다.

내가 기도하고, 말씀을 전하고, 사람들을 훈계할 때, 그 안에 성령의 능력과 증거가 결여되어 있다. 성령의 능력과 증거가 있어야 사람들이 자신의 죄를 깨닫게 될 것이요, 그들을 보고 다른 사람들도 두렵고 놀라워 하나님을 경외하게 되고, 그로 인해 하나님의 영광과 위엄이 나타나 사람들이 하나님을 공경하게 될 것이다.

그리스도의 설교가 서기관과 바리새인들의 설교와 달랐던 이유도 그리스도에게는 성령의 능력과 증거가 있었기 때문이다. 성령의 능력과 증거란 곧 하나님의 위엄과 그분의 거룩하신 영이 백성들에게 임하여 그들을 환히 비추는 것이다. 그런데 나는 이렇게 더럽고 추한 의복을 걸치고 있으니 얼마나 슬픈 일인가! 그 영광과 위엄의 면류관이 내 머리에서 떨어졌다.

그래서 내 말은 약하고 육신적이요 힘이 없어 사람들의 경멸만 불러일으킬 따름이다. 이에 대한 치유책은 오직 나 자신을 혐오하고 겸손히 엎드려 하나님과 친밀한 교제를 나누는 것밖에 없다.

그리스도를 거의 본받지 않음

14. 그동안 그리스도의 마음을 거의 갖고 있지 않았다

그리스도는커녕, 사도들의 모범에도 훨씬 못 미치는 생활을 해왔다. 주인 되신 그리스도는 말할 것도 없고 그분의 종인 사도들보다 훨씬 뒤지는 생활을 하고 있다.

우리에게는 하나님의 영원하신 아들, 그리스도의 은혜와 인자하고 온유하심과 겸손과 사랑이 거의 없다. 주님은 예루살렘을 보고 우셨는데, 우리는 그런 주님의 심정을 공감하지 못하고 있다. 주님은 항상 "잃어버린 자들을 찾아 다니셨는데", 우리는 그분의 그런 자세를 거의 본받지 않고 있다. 주님은 지칠 줄 모르고 "많은 무리들을 가르치셨는데", 우리는 자신의 혈과 육을 위해 너무 몸을 사린다.

낮에는 금식하시고 밤에는 깨어 기도하신 주님을 본받아야 하는데, 솔직히 그것을 본받아야 한다는 사실조차 충분히 깨닫지 못하고 있는 실정이다. 주님은 하나님 아버지를 영화롭게 하고 아버지께서 맡기신 일을 완수하기 위해 자신의 목숨조차 귀하게 여기지 않으셨는데, 우리는 그것을 행동 강령으로 기억하고 있지 않다.

그러나 우리는 분명 그분의 발자취를 따라야 한다. 종은 주인이 인도하는 대로 따라가야 한다. 따라서 주님의 제자 목자인 우리는 참목자이신 주님이 걸어가신 길을 걸어가야 한다. 우리가 사랑하는 주님은 이 세상에서 머리 둘 곳도 없으셨으니 우리 역시 이 세상에서 편안함이나 안식을 구하지 말아야 한다.

5. 부흥을 위하여

부흥에 대해 말하거나 글을 쓰기는 쉽지만 실제로 부흥을 일으키는 일은 그리 쉽지 않다.

부흥이 일어나려면 많은 것들이 시정되어야 한다. 무가치한 생각들을 집어 던져야 하고, 저절로 생긴 장애물들도 처리해야 하며, 해묵은 습관들도 극복해야 하고, 게으르게 대충 하려는 마음 자세며 판에 박힌 일 하듯 목회

하려는 자세도 고쳐야 하며, 이 세상과 자아에 대해 자신도 못박아야 한다.

그리스도께서 그 제자들이 더러운 영을 내어쫓지 못했을 때 말씀하신 것처럼 우리도 이렇게 말할 수 있을 것이다. "기도와 금식이 아니면 이런 유가 나가지 아니하느니라." 마 17:21

17세기 한 목회자도 그렇게 생각했다. 그래서 그는 자신의 삶과 목회 사역에서 드러난 악들을 보고 애통한 후, 다음과 같이 새롭게 결단했다.

❶ 나는 그리스도와 그의 사도들을 본받고 또한 선을 이루기 위해 매일 아침 일찍 정한 시간에 일어날 것이다.

❷ 기상하자마자 그날 어떤 일을 할 것이며 그 일을 언제 어떤 방식으로 할 것인지 생각하고, 심혈을 기울여 그 일을 할 것이다. 만일 그 일을 하지 못할 경우

자신에게 책임을 묻고 슬피 애통할 것이다.

❸ 매일 상당한 시간을 기도와 독서 및 묵상과 영적 훈련으로 보내되 매일 아침, 점심, 저녁, 잠자리에 들기 전 이 일을 행할 것이다.

❹ 한 달에 한번씩(월말이나 중순에) 세상 사람들의 처지를 위해, 주의 백성과 그들의 비참한 상태를 위해, 하나님의 일과 하나님의 백성들이 부흥되기를 위해, 하나님 앞에 자신을 겸비케 하는 날을 가질 것이다.

❺ 이 외에 6개월에 한번씩은 나 자신의 상태를 위해 하나님 앞에 겸손히 엎드리는 날을 가질 것이다. 영적인 악에 대항해서 잘 싸울 수 있도록, 좀더 거룩한 마음을 가질 수 있도록, 주님을 위해 특별한 일들을 수행할 수 있도록 스스로 겸비하는 날을 가질 것이다.

❻ 매주 한번씩 개인 시간 중 4시간 이상을 할애하여

나 자신이나 다른 사람들과 관련된 특별한 일을 할 것이다.

❼ 매주 토요일 밤이면 일정한 시간을 떼어 주일을 준비할 것이다.

❽ 일년에 한번씩 가장 편리한 때를 택해서 도합 6일이나 7일간은, 그동안 자신이 영적으로 어떤 삶을 살았는지 전반적인 책임을 묻고 평가할 것이다.

오늘의 현실

자신의 삶은 물론이요 자기가 하는 사역의 부흥을 위해 이런 식으로 결단한 그 목회자를 우리도 본받아야 할 것이다. 17세기에 살았던 목회자가 이렇게 많은 결심을 해야 했다면, 현대를 살고 있는 우리는 그보다 더 많은 결심을 해야 할 것이다.

5, 6세기에는 길다스Gildas와 살비아누스Salvianus가 분연히 일어나 무심한 교회를 향해 형식적인 사역에서 깨어나라고 경고했었다. 그리고 16세기에는 종교개혁자들이 그 임무를 떠맡았으며, 17세기에 들어와서는 백스터가 동료 목회자들의 침체된 경건과 잠자고 있는 정열을 자극하며 부흥을 일으키는 주도적 역할을 감당했다.

그러다가 18세기에 와서는 하나님이 훌륭하고 고결한 사람들을 일으켜 세워 그들로 하여금 교회를 일깨우게 하시고, 교회가 보다 고상하고 담대한 사역을 감당할 수 있도록 인도하게 하셨다.

금세기 역시 이와 같은 자극이 어느 때보다 더 필요한 때다. 그동안 인생의 병적 증상들을 많이 겪어 왔음에도 불구하고, 아직 많은 사람들이 잠에서 깨어나지 못하고 있다. 백스터 같은 사람이 일어나 큰소리로 외치며 모범을 보여 줌으로써 우리를 일깨워야 한다. 이 나라 전체에 퍼져 있는 교회의 무기력하고 비능률적인 사역을 바라

볼 때 마음이 울적해진다.

오, 주님, 교회가 언제까지 이래야 합니까! 언제나 이런 무기력에서 깨어날 수 있습니까!

목회자인 우리는 이러한 교회의 모습을 바라보고 합심하여 열심히 기도할 뿐 아니라, 또 실제적으로도 우리 사역에 새 생명을 불어넣기 위해 특별한 노력을 기울여야 할 것이다. 평신도는 평신도대로 목회자와 설교자 및 신학생들을 위해 많이 기도해 주어야 한다.

지금 이 나라에 필요한 것은 생명 있는 사역이다. 이런 사역 없이는 하나님의 심판을 면하지 못할 것이다. 우리에게는 영혼들을 파수하고 저들을 위해 울 사람, 저들을 위해 수고하고 기도하며 자신의 시간을 다 쓸 뿐 아니라, 자기 자신마저 다 소모시킬 사람들이 필요하다.

미코니우스가 배운 교훈

멜콰이어 아담Melchior Adam이 마르틴 루터의 친구인 미코니우스Myconius의 생애에 대해 썼는데, 그 속에 보면 아주 아름답고 놀라운 사건이 하나 기록되어 있다. 이 사건은 그의 인생에서 하나의 전환점이 되어, 결국 그로 하여금 모든 정력을 바쳐 그리스도를 위해 살게 만드는 계기가 되었다. 그 사건은 다음과 같다.

미코니우스는 수도사가 되기 위해 수도원에 들어간 첫날 밤 꿈을 꾸는데, 그 꿈 속에서 망망한 광야를 혼자 걷고 있었다. 그 때 갑자기 안내자가 나타나더니 아주 아름다운 골짜기로 그를 인도했다. 그 골짜기에서는 시원하고 상쾌한 물이 흐르고 있었지만 그는 그 물을 마실 수 없었다.
그 다음으로 안내자가 인도한 곳은 대리석으로 된 샘이었는데, 그곳에서는 순전한 샘물이 솟아 나왔다. 그가 샘물을 마시기 위해 무릎을 꿇었을 때, 십자가에 못박히신 구세주의 모습이 앞에 나타나며 그 상처에서 물이 콸콸 쏟아져 나왔다. 이 때 그를 인도하던 안내자가 미코니우스를 번쩍 들어올리더니 순식간에 샘물 안으로 집어 던졌다. 그러자 주님의 상처에서 흘러나오는 물이 그의 입에 닿았는데 그 물은 그때까지 마셔본 물 중 가장 시원하고 달콤한 물이었다. 그는 그 후로 다시는 갈증을 느끼지 않았다.

그가 물을 마시고 원기를 회복하자, 안내하던 인도자가 다시 그를 데리고 갔는데, 이번에는 방금 그 값진 상처로부터 미코니우스의 영혼 속에 생수를 부어 넣어 주신 분, 십자가에 못박히신 주님을 위해 그가 해야 할 일들을 가르쳐 주는 곳으로 데려갔다.

그가 안내자를 따라 도착한 곳은 출렁이는 곡식들로 뒤덮인 넓은 평야였다. 거기서 안내자가 미코니우스한테 그 곡식들을 추수하라고 명하자, 미코니우스는 추수 같은 건 전혀 할 줄 모른다며 꽁무니를 뺀다. 그러자 안내자는 "네가 알면 무엇하러 구태여 배우라고 하겠는가?"라고 대꾸한다.

안내자와 함께 밭 가까이 가 보니 추수꾼 한 사람이 외롭게 일하고 있었다. 그 사람은 자기 혼자 그 밭을 다 추수하기로 결심한 사람처럼 열심히 일하고 있었다. 이 때 안내자가 미코니우스한테 저 추수꾼과 함께 일하라고 명하더니 낫을 잡고 추수하는 법을 시범으로 보여 주었다.

그 다음에는 안내자를 따라 언덕 위로 올라갔다. 거기서 미코니우스는 저만치 보이는 넓은 평야를 둘러보면서 저렇게 적은 일꾼을 가지고 이 넓은 밭을 언제 다 추수하겠느냐고 안내자에게 묻는다. 그러자 안내자는 "겨울 전에 추수를 끝내야 한다. 그러니 온 힘을 다해 일하라. 주께서 곧 추수할 일꾼들을 더 보내 주실 것이다."라고 말했다.

피곤해진 미코니우스가 잠시 쉬고 있는데, 십자가에 못

박히신 주님이 몹시 상한 모습으로 다시 그의 옆에 나타나셨다. 이 때 안내자가 미코니우스 어깨에 손을 얹으며 "너는 저분을 본받아야 한다."라고 말한다.

이 말을 듣고 꿈에서 깨어난 미코니우스는 그 이후로 열심과 사랑이 넘치는 삶을 살기 시작했다. 자기 영혼을 구해 주신 구세주를 만난 그는, 나아가 다른 사람들에게 그 구세주를 전하기 시작했다.

그는 밭에서 추수하던 고상한 추수꾼, 루터 옆에서 그의 본을 따라 그 넓은 밭에서 그와 함께 열심히 땀을 흘리며 일했다. 사방에서 일꾼들이 일어날 때까지 계속 그렇게 일했다. 그래서 겨울이 오기 전에 추수를 다 끝냈다.

이 이야기가 우리에게 주는 교훈은 다음과 같다.

낫을 들고 추수하라. 밭은 아주 넓으며 이미 희어져 추수하게 되었다. 일꾼이 너무 적긴 하지만 그래도 이미 그곳에서 땀 흘리며 일하는 헌신적인 일꾼들이 있다. 예를 들어, 휘트필드라든가 힐과 같은 사람들이 마치 자기 혼자 그 넓은 밭을 다 추수하기라도 할 것처럼 열심히 일했다.

우리도 이런 사람들과 힘을 합해 추수하자. 그러면 추수의 주인인 우리 주님께서 다른 일꾼들을 더 보내 주실 것이다. 주님은 절대 우리 혼자 땀 흘리며 수고하도록 내버려두시지 않을 것이다.

마지막 때의 추수

한 친구가 로랜드 힐에게 "자네는 언제 그만둘 건가?"라고 물었다.

그러자 힐은 즉시 "우리 앞에 있는 모두를 다 거두어들일 때까지는 그만두지 않을 걸세."라고 대답했다.

우리 역시 이런 대답을 해야 할 것이다. 추수할 밭은 엄청 넓으며 추수할 곡식은 이미 희어져 출렁이고 있다.

우리는 하나님의 은혜를 힘입어 낫을 들고 그 밭을 추

수하러 나갈 것이요, 어린양께서 친히 우리를 인도해 주실 곳인 생명 샘가에 눕게 될 때까지 절대 쉬지 않을 것이다. 그 생명샘에서 하나님이 우리의 지친 이마에 흐르는 땀방울을 닦아 주실 것이요, 우리의 눈에서 흐르는 눈물을 닦아 주실 것이다.

우리 중 어떤 이들은 아직 젊고 참신하다. 우리 앞에는 하나님의 섭리에 따라 아직 많은 세월이 남아 있을지 모르니, 이 남은 세월 동안 오래 참으며 쉼 없이 애쓰고 노력해야 할 것이다. 하나님이 축복하시면 우리의 수고가 결코 헛되지 않을 것이다. 그러니 지쳐서 더 이상 일할 수 없게 될 때까지, 주님 품에 안겨 쉬게 될 때까지 열심히 수고해야 할 것이다.

영국의 비국교도 목사 빈센트Vincent가 지은 런던에서 들린 하나님의 무서운 음성God's Terrible Voice in the City이라는 소책자를 보면, 런던에서 일어난 대화재와 전염병에 대해 적혀 있다.

거기 보면 그 위험 속에서도 끝까지 남아, 죽어가는 주민들에게 자신의 엄숙한 의무를 수행하는 신실한 목회자들이 나온다. 그리고 무서운 전염병에 걸려 죽기 전에 구원을 맛보기 위해, 공포에 떨며 숨을 죽이고 열심히 목회자들의 설교를 듣는 수많은 군중들도 나온다.

그런데 교회마다 문이 활짝 열려 있는데 강대상은 비어 있다. 그동안 돈을 목적으로 일하던 성직자들이 도망가 버렸기 때문이다.

전염병에 걸려 죽어가는 사람들에게 설교함

그때, 그동안 핍박받던 하나님의 신실한 종들이 은신처에서 나와 버려진 강대상을 채우기 시작했다. 그들은 죽은 사람들과 죽어가는 사람들(그 중에는 그날이 다 가기 전에 죽을 사람들도 많이 있었는데) 가운데 서서 영생을 선포했다. 때를 얻든지 못 얻든지 영생의 말씀을 설교했다.

주일이 따로 없었다. 매일이 주일이었다. 교회법으로 인정된 시간이건 인정되지 않은 시간이건 상관없이 일했다. 또 교회가 정한 규칙에 따라 설교하지도 않았다. 그들은 목청을 아끼지 않았고 나팔처럼 큰소리로 설교했다.

그들이 하는 설교마다 마지막 설교가 될 수도 있었다. 주변을 둘러보면 무덤들이 입을 활짝 벌리고 있었다. 사람들이 언제 죽을지 몰랐다. 순식간에 죽어갈 만큼 그렇게 죽음이 가까이 있었다. 영원한 세계가 그 거대한 실체를 드러내며 우뚝 서 있었다. 어느 때보다 더 영혼들이 소중하게 느껴질 때였다.

따라서 영혼을 구원할 수 있는 기회라면 아무리 보잘것없는 기회라도 절대 놓칠 수 없었다. 일분 일초가 열방의 재산을 다 합친 것보다 더 귀했다. 이제는 세상이 덧없이 사라져 가는 그림자에 지나지 않았다. 그동안은 인간의 수명이 70세였는데, 이제는 눈 깜짝할 사이에 사람들이 죽어가고 있으니!

이런 상황에서 그들은 어떻게 설교했을까? 그들의 설교 속에는 화려한 미사 여구나, 유식한 논쟁이나, 억지로 만들어낸 부자연스러운 문장이나, 냉소적인 호소나, 난해한 말들이 전혀 들어 있지 않았다. 그들은 인간을 두려워하지 않았으며 그들의 박수 갈채도 원하지 않았다.

사람들 귀에 거슬리는 강한 표현을 쓰지 않으려고 조심하지도 않았으며, 흥분이나 열정을 두려워하지도 않았다. 이런 것들을 전혀 두려워하지 않은 채, 다만 말할 수 없이 온화한 심정으로, 죽어가는 영혼들을 불쌍히 여기며 심혈을 기울여 열심히 설교했다.

빈센트의 다음과 같은 말을 들어 보라.

옛 시대가 큰 낫을 들고 강대상 머리에 서서 쉰 목소리로 이렇게 말하는 것 같다. "밤에 이 낫으로 내가 너를

벨 것이니 오늘이라 일컫는 날 동안 일하라." 또 섬뜩한 사망이 예리한 화살을 시위에 걸고 강대상 옆에 서서 이렇게 말하는 것 같다. "나는 내 화살을 쏠테니 너는 하나님의 화살을 쏘아라." 그 강대상 아래서는 흙무덤이 다음과 같이 말하며 입을 벌리고 있는 것 같다.

하나님과

사람들에게

큰소리로 외치라.

지금 네게 맡겨진 책임을

완수하라.

너는 이제

입 다물고

숨을 거둔 채

조용히 이 흙 속에 누워야만 한다.

지금 목사들은 잠에서 깨어 열심을 다해 진지하게 자신의 목회 사역을 감당하라는 부르심을 받고 있다. 우리는 수많은 영혼들이 굴러 떨어지고 있는 지옥 구덩이 가장자리에 서서 설교하라는 부르심을 받고 있다. 이런 목사들이 있는 교회에는 사람들이 어찌나 많이 몰려드는지, 목사가 설교하러 강대상으로 갈 때 문을 통해 가지 못하고 교인석을 넘어가야 할 정도다.

그곳에 모인 회중들의 얼굴 표정을 보면 지금까지 런던 어느 교회에서도 볼 수 없었던 진지한 표정들이다. 그들은 목사의 입에서 나오는 말을 한마디도 빠뜨리지 않고 다 듣겠다는 듯이 아주 진지한 표정으로, 두 귀를 쫑긋 세우고 온 정신을 집중해 설교를 듣는다.

우리가 그들보다 덜 진지해서야 되겠는가

이처럼 공포와 사망이 휩쓸던 그때는 목회자들도 열심

히 설교했고 듣는 자들도 간절한 마음으로 경청했다. 그때는 설교하는 자나 설교를 듣는 자나 모두 다 진지했다. 그들의 설교는 냉담하거나 무기력하지 않았으며, 그렇다고 일부러 꾸며서 하는 웅변조의 설교도 아니었다. 정말 죽어가는 사람이 죽어가는 사람에게 설교하듯 그렇게 설교했다.

여기서 우리는 다음과 같은 질문을 던져 볼 필요가 있다. 그럼 그때만 그렇게 설교하고 다른 때는 그렇게 설교하지 말아야 한단 말인가? 또 그때는 그렇게 진지하게 설교를 들었지만 다른 때는 그렇게 진지하게 설교를 듣지 말아야 한단 말인가? 물론 그때는 사람들의 수명이 좀 짧았다. 즉, 전염병 때문에 빨리 죽었다. 그러나 그것만 다를 뿐 죽음과 죽음에 관계된 문제는 그때나 지금이나 여전히 똑같다. 영원한 세계도 그때나 지금이나 여전히 동일하며, 인간의 영혼 역시 그때나 지금이나 마찬가지다.

다른 시대와 다른 점이 하나 있다면 그건 전염병 때문에 사람들의 수명이 아주 짧게 단축되었다는 것이다. 그것 하나만 다를 뿐이다.

우리의 불신이 우리의 증언을 약화시킴

그렇다면 왜 우리 설교는 그때처럼 열렬하지 않으며, 호소력이 약하고, 긴박하게 들리지 않을까? 물론 그때와 비교하면 지금의 우리는 영원이라는 바닷가에서 몇 발자국 더 떨어져 있다. 그러나 단지 몇 발자국 더 떨어져 있을 뿐이다. 또 그때에 비해 사람들 수명이 조금 더 길어진 것도 사실이다. 그러나 약간만 길어졌을 뿐, 영생에 관한 문제는 그때나 지금이나 똑같이 중요하다.

그런데도 우리의 설교가 그때와 다른 이유는 순전히 우리의 불신 때문이다. 우리가 영원한 것들에 대해 믿지 않기 때문이다. 목사들이 그렇게 냉랭한 설교를 하고, 심방을 게을리하며, 모든 신성한 의무를 태만히 하는 것도 다 그들이 믿지 않기 때문이다. 사람의 생명을 시들게 하고 가슴을 답답하게 만드는 것 역시 불신 때문이다. 영원에 관한 실체들을 그렇게 불손하게 다루는 것 역시 그들이 믿지 않기 때문이다.

영원히 죽지 않고 천국이나 지옥으로 갈 수밖에 없는 존재인 인간들에게 설교하기 위해, "강대상이라는 저 무서운 곳"[1]에 올라가면서 그렇게 사뿐히 올라갈 수 있는 것은 그들이 그 사실을 믿지 않기 때문이다.

여기서 리처드 백스터의 다음과 같은 호소를 한번 들어보자.

저는 사람들이 이처럼 중대한 일들에 대한 설교를 듣고도 어떻게 큰소리로 부르짖지 않고 그렇게 가만히 있을 수 있는지 사실 좀 의아합니다. 아니, 그보다도 어떻게 자기네 목사한테 가서 어떻게 하면 좋은지 알아보지 않고 그렇게 가만히 있을 수 있을까 하는 생각이 듭니다.

오, 천국과 지옥에 관한 설교가 이제 더 이상 사람들에게 먹히지 않고 있습니다. 사람들은 영원한 세계에 대한 관심이 없습니다.

여러분, 여러분은 혼자 있을 때, 천국에서의 영원한 복락과 지옥에서의 영원한 고통이 어떤 것인지 생각해 보지 않습니까? 어떻게 그런 생각을 하지 않을 수 있을까요? 그런 생각 때문에 잠을 설쳐 본 적이 없다니 참으로 신기한 일입니다. 일하다 말고 그런 생각이 떠오르지 않는다니 참 이상한 일입니다. 영원한 위로와 평안의 근거도 마련해 놓지 않고 어떻게 그렇게 태평하게 다른 일들을 할 수 있으며, 아무렇지도 않게 먹고 마시며 쉴 수 있습니까? 그저 신기할 따름입니다.

이처럼 중요한 일에 대해 듣고도 마음이 아무렇지 않은 사람이 있다면 그 사람도 과연 살아 있는 사람이라고 할 수 있을까요? 아마 시체로 보는 편이 나을 겁니다. 하나님의 심판대 앞에 서야 한다는 말을 듣고도 떨기는커녕

쿨쿨 잠을 자다니, 그 사람을 어떻게 산 사람이라 할 수 있겠습니까? 자신이 처하게 될 영원한 상태에 대해 듣고도 눈썹 하나 까딱하지 않고 평소처럼 자고 깰 수 있는 그를 어찌 사람이라 하겠습니까? 혹시 진흙 덩어리가 아닐까요? 세상 일이라면 그렇게 부지런히 쫓아다니면서, 구원받는 것이나 지옥에 떨어지는 것같이 큰 문제들에 대해서는 어떻게 아무 대책도 세워 놓지 않고 있을 수 있을까요?

지금 이 자리에 앉아 계신 여러분은 잘 들으십시오. 이 일의 중대성에 비추어 볼 때, 이 땅에서 가장 훌륭하다는 하나님의 성도들도 이 점에 있어서만은 다른 사람들보다 낫지 않습니다. 또 무언가 더 많은 대책을 세워 놓은 것도 아닙니다. 신기한 일 아닙니까? 또 이 세상이 필요 이상으로 거룩하다고 생각하는 사람들, 교회 일에 너무 많은 시간을 쏟는다고 비난받는 사람들이 어떻게 그리스도와 자신들의 영혼에 대해 그렇게 무관심하게 지낼 수 있는지 그 또한 신기합니다.

그들은 온 영혼을 쏟아 하나님께 탄원하지도 않고, 하나님께 초점을 맞추지도 않으며, 또 앞으로 하나님 앞에 가서 계산해야 할 것에 대해 좀더 진지하게 생각하지도 않으니 참으로 신기할 따름입니다. 또 현재의 삶보다 백배나 더 온전하게 살지 않는 것도 신기할 뿐더러, 영생의 면류관을 얻기 위해 현재보다 더 열심히 일하되 덜 지쳐야 함에도 그렇지 않는 것 역시 신기합니다.

"두렵고 떨리는 마음으로"

저는 저 자신의 마음이 이처럼 둔하고 무심하며 저의 일생이 이처럼 무익한 것에 대해 부끄럽게 생각하고 있습니다. 저 자신이 하는 모든 설교를 제가 얼마나 부끄럽게 생각하고 있는지 주님이 아십니다. 제가 그동안 설교한 것과 저를 보내신 분에 대해 생각할 때, 사람들이 구원 얻는 일과 지옥에 떨어지는 일이 제 설교에 달려 있다는 생각을 할 때, 저는 혹시 하나님이 저를 그분의 진리와 사람들의 영혼을 등한히 여긴 자로 심판하시지 않을까 싶어 떨립니다. 그리고 제 설교(그 중 제일 훌륭했던 설교조차)가 저들의 피에 대한 책임을 져야 할 그런 설교는 아니었는지 두렵고 떨립니다.

이런 결과가 뒤따르는 문제들에 대해 말할 때는 눈물 없이 또는 최대한의 열성 없이 말해서는 절대 안 된다고 생각합니다. 또 설령 우리가 책망하는 그 죄에 대해 우리의 책임이 없다 해도 그렇게 해야 한다고 생각합니다.

우리는 설교할 때나 설교를 들을 때나 항상 진지하지 못하다. 만일 진지하다면, 어떻게 그렇게 냉담하고 일관성이 없으며 나태하고 세속적일 수 있단 말인가! 어떻게 그렇게 기도도 하지 않고 영생의 문제를 다루는 사람답게 살지 않을 수 있단 말인가!

영혼들을 그리스도께 인도하려면 먼저 우리 자신부터 좀더 진지해야 하고 열심을 내야 한다. 사랑하는 주님의 발자취를 따르고 그분 앞에서 맹세한 서원을 지키고 싶다면, 좀더 진지하고 성실해야 한다. 아니 위선자가 되지 않기 위해서라도 좀더 진지해져야 한다. 기쁨으로 일생을 마치고 주께서 오셨을 때 면류관을 받고 싶다면, 좀더 진지하고 성실해야 한다.

밤이 오면 아무도 일할 수 없다. 따라서 아직 낮인 지금 일해야 한다.

사명선언문

너희가 흠이 없고 순전하여……세상에서 그들 가운데 빛들로
나타내며 생명의 말씀을 밝혀 _ 빌 2:15-16

1. 생명을 담겠습니다
만드는 책에 주님 주신 생명을 담겠습니다.
그 책으로 복음을 선포하겠습니다.

2. 말씀을 밝히겠습니다
생명의 근본은 말씀입니다.
말씀을 밝혀 성도와 교회의 성장을 돕겠습니다.

3. 빛이 되겠습니다
시대와 영혼의 어두움을 밝혀 주님 앞으로 이끄는
빛이 되는 책을 만들겠습니다.

4. 순전히 행하겠습니다
책을 만들고 전하는 일과 경영하는 일에 부끄러움이 없는
정직함으로 행하겠습니다.

5. 끝까지 전파하겠습니다
모든 사람에게, 땅 끝까지, 주님 오시는 그날까지
복음을 전하는 사명을 다하겠습니다.

서점 안내

광화문점 서울시 종로구 새문안로 69 구세군회관 1층
02)737-2288 / 02)737-4623(F)

강남점 서울시 서초구 신반포로 177 반포쇼핑타운 3동 2층
02)595-1211 / 02)595-3549(F)

구로점 서울시 동작구 시흥대로 602, 3층 302호
02)858-8744 / 02)838-0653(F)

노원점 서울시 노원구 동일로 1366 삼봉빌딩 지하 1층
02)938-7979 / 02)3391-6169(F)

일산점 경기도 고양시 일산서구 중앙로 1391 레이크타운 지하 1층
031)916-8787 / 031)916-8788(F)

의정부점 경기도 의정부시 청사로47번길 12 성산타워 3층
031)845-0600 / 031)852-6930(F)

인터넷서점 www.lifebook.co.kr